Hartmann / Rieger / Luoma · Zielgerichtet moderieren

Konzept und Beratung der Reihe Beltz Weiterbildung:

Prof. Dr. *Karlheinz A. Geißler*, Schlechinger Weg 13, D-81669 München.
Prof. Dr. *Bernd Weidenmann*, Weidmoosweg 5, D-83626 Valley.

Martin Hartmann / Michael Rieger / Marketta Luoma

Zielgerichtet moderieren

Ein Handbuch für Führungskräfte, Berater und Trainer

2. Auflage

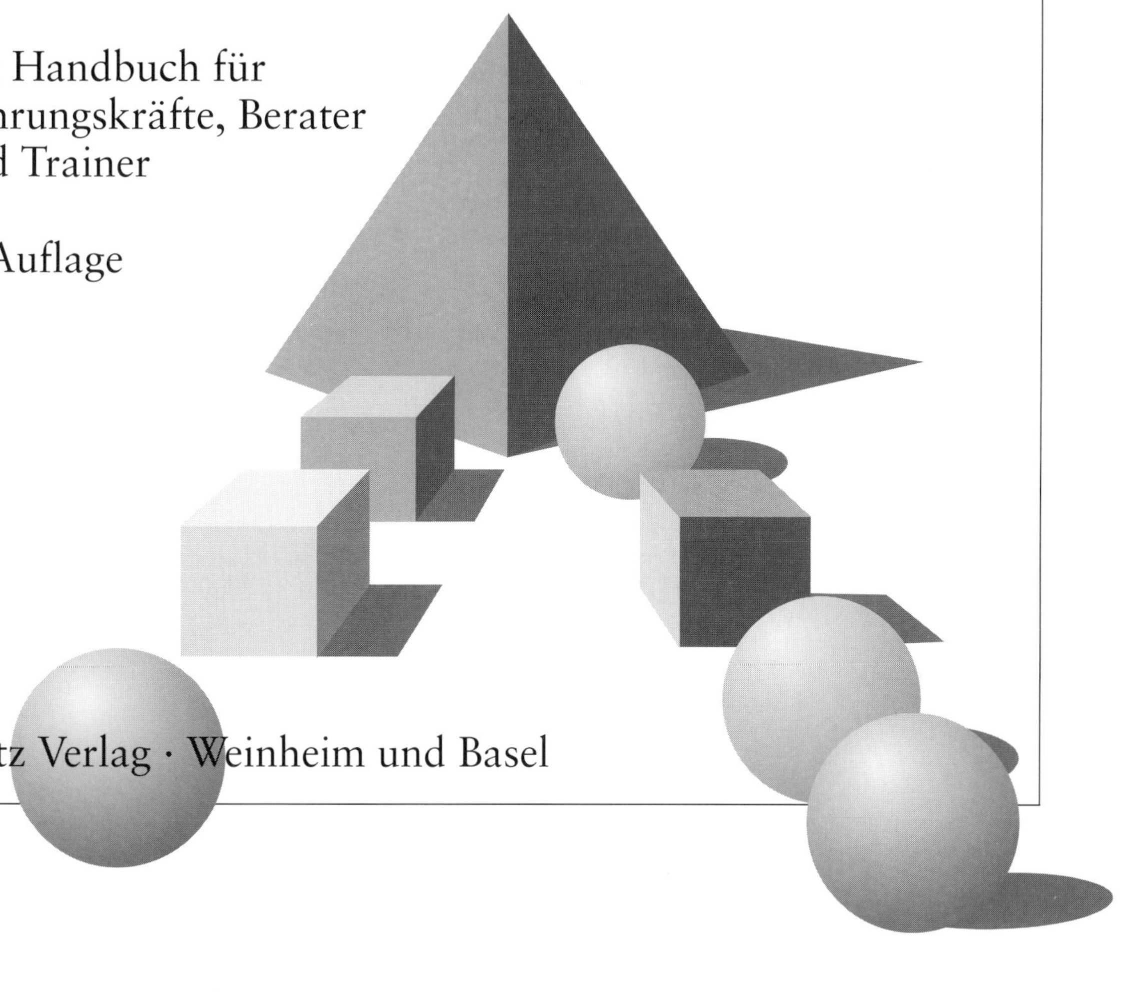

Beltz Verlag · Weinheim und Basel

Dr. Martin Hartmann; nach Studium und Hochschultätigkeit mehrere Jahre Projektleiter in der Marktforschung; seit 1989 bei *train* als Berater und Trainer; Schwerpunkte: Kommunikation, Kooperation, Krisenkommunikation.

Dr. Michael Rieger; Berater und Trainer bei *train* mit den Schwerpunkten Geschäftsprozessoptimierung, Kundenorientierung und Service sowie »Improving Performance«.

Dr. Marketta Luoma; Studium der Psychologie, Dozentin am Psychologischen Institut der Universität zu Köln. Seit 1990 bei *train* als Beraterin und Trainerin mit den Schwerpunkten Moderation von Workshops zur Teamentwicklung, Konfliktbewältigung und Mediation sowie Coaching für Führungskräfte.

Besuchen Sie uns im Internet
http://www.beltz.de

2., aktualisierte Auflage 1999
Gesetzt nach den neuen Rechtschreibregeln
Lektorat: Ingeborg Sachsenmeier

Herstellung: Klaus Kaltenberg
Satz: Satz- und Reprotechnik GmbH, Hemsbach
Druck: Druckhaus Beltz, Hemsbach
Umschlaggestaltung: Bernhard Zerwann, Bad Dürkheim
Printed in Germany

ISBN 3-407-36356-7

Inhaltsverzeichnis

Übergänge:
Wann ist Moderation sinnvoll?

Auf einen Blick:
Checklisten für die Praxis

Ausgänge:
Literatur und Verabschiedung

Eingänge: Grundlagen und Hintergründe

Kapitel 1
So könnte es mit dem Moderieren anfangen

In einem mittelständischen Unternehmen mit rund 300 Mitarbeitern »knirscht« es hin und wieder in der Zusammenarbeit zwischen den verschiedenen Ebenen. Die Meister klagen schon einmal, dass sie nicht ausreichend informiert würden: »Wir erfahren selten etwas von den Ingenieuren und Abteilungsleitern.« Eine ähnliche Aussage kommt auch von den Ingenieuren: »Alle Informationen darüber, was in der Produktion los ist, muss man sich selbst besorgen; von sich aus sagen die Meister einem kaum etwas. Und wenn die wöchentlichen Besprechungen wirklich einmal stattfinden, dann kommt eh nichts Konkretes rüber.«

Der Vorgesetzte beider Gruppen will frühzeitig größeren Spannungen entgegenwirken. Daher bittet er zu einer Besprechung, um das Problem einmal in aller Ruhe anzugehen. Zwei Stunden hat er für das Treffen mit den sieben Teilnehmerinnen und Teilnehmern reserviert – verhältnismäßig viel Zeit, wie er meint. Doch diese zwei Stunden vergehen wie im Flug, allerdings ohne befriedigendes Ergebnis. Was bleibt, ist ein ungutes Gefühl. Wie häufig im Anschluss an derartige Sitzungen fällt ihm nur der bekannte Kalauer ein: »Eine Besprechung ist, wenn viele hineingehen und nichts dabei herauskommt.«

Jetzt sitzt er mit einer Kollegin im Büro und denken laut nach:

»Das war wohl nicht so gut: Unser firmenbekannter Dauerredner, Herr A., konnte nur mit Mühe und Not gestoppt werden und manchmal auch nur durch Wortentzug. Frau B. hat wieder einmal kein Wort gesagt, obwohl sie doch im persönlichen Gespräch wirklich gute Gedanken äußert. Und wenn Frau B. nichts sagt, dann reden die Herren C. und D. auch nicht. Das alte Spiel also. Apropos Spiel, Herr E. musste seine Spitzen gegen Ingenieure allgemein und gegen die unseren im

Besonderen gleich mehrmals loswerden, und der gute alte Herr F. hat auch noch darauf reagiert und dafür gesorgt, dass die Gruppe vom Hölzchen aufs Stöckchen kam. Und am Thema war ja wohl nur ich interessiert – obwohl, so ganz sicher bin ich mir da auch nicht, wenn ich ehrlich sein soll.«

»Inwiefern?«

»Na ja, ich habe eigentlich nur diejenigen Vielredner gebremst, die anderer Meinung waren als ich, und unserem Dauerredner bin ich sogar ein paar Mal richtig über den Mund gefahren. Er hat mich aber auch wieder einmal fürchterlich geärgert. Immer dieselbe Leier! Dabei habe ich die Zeit aus den Augen verloren, und die Diskussion ist dann relativ ziellos verlaufen. Ist alles auch gar nicht so leicht – die Leute, mein Ärger über manche Beiträge, der Zeitdruck, und dann muss ich auch noch dafür sorgen, dass alle anständig mitdiskutieren und wir in der Sache weiterkommen. Wir sollten überlegen, wie wir in Zukunft so ein Treffen besser organisieren.«

»Ich denke, das ist nicht nur eine Frage der Organisation. Ich stelle mir eher eine Besprechung vor, bei der nicht Sie, sondern ein unbeteiligter Dritter den Diskussionsprozess steuert, gezielt auf den Ablauf achtet und darauf, dass alle ausreichend zu Wort kommen. Alle anderen, unter Umständen auch Sie selbst, beteiligen sich von Gleich zu Gleich mit inhaltlichen Beiträgen und persönlichen Stellungnahmen.«

»Und wie soll das im Einzelnen aussehen?«

»Na ja, so jemand sollte sich mit inhaltlichen Äußerungen zurückhalten. Er sollte aber verantwortlich dafür sein, dass wir zielgerichtet an der Sache arbeiten. Er müsste mit uns klären, was wir in so einer Sitzung erreichen wollen und können. Und dann müsste er dafür sorgen, dass wir alle als Gruppe während der Sitzung auch auf dieses Ziel hinarbeiten.«

»Und was wird durch so eine Art inhaltsneutraler Sitzungsleiter dann besser?«

»So jemand könnte uns dabei helfen, die Art unserer Zusammenarbeit selbst zu regeln. Er würde auch dafür sorgen, dass wirklich alle zu Wort

kommen. Und wenn wir unsachlich werden, dann muss so jemand uns quasi den Spiegel vor Augen halten und uns zur Sacharbeit zurückhelfen. Alle würden so die Chance bekommen, sich zu beteiligen und ihre spezifischen Ansichten, Ideen oder Vorschläge einzubringen. Die Qualität unserer Arbeit würde steigen.«

»Das klingt nach einer besonderen Art von Besprechungsleitung.«

»Eine wirklich besondere Art der Besprechungsdurchführung. Sie unterscheidet sich von einer klassischen Besprechungsleitung dadurch, dass sie mehr Verantwortung auf die Beteiligten selbst überträgt. Es geht also mehr um Moderieren als um Leiten.«

»Und so ein Moderator, so eine Moderationsmethode soll dann in Zukunft unsere klassische Besprechungsleitung ersetzen?«

»Nicht unbedingt. Besprechungsleitungen wird es auch in Zukunft geben. Beispielsweise wenn in kurzer Zeit über getroffene Entscheidungen berichtet werden soll und die Teilnehmer ihre Terminkalender daraufhin abstimmen müssen. Aber für andere Situationen, wie die von heute Morgen, eignet sich ein anderes Vorgehen besser. Denn für heute hatten Sie nichts vorgeschrieben. Es ging ja darum, dass alle Anwesenden gemeinsam nach Ideen für eine veränderte Zusammenarbeit zwischen Meistern und Ingenieuren suchen sollten.«

*»Was Sie sagen, verlangt eine ganze Menge Umdenken. Wenn ich mir die Situation von heute Morgen noch einmal vor Augen halte: So ein Moderator müsste sich auf unserer Sitzung **erstens** inhaltlich aus allem heraushalten; **zweitens** gemeinsam mit uns für Zielklarheit sorgen; **drittens** auf dem Weg zur Zielerreichung helfen, dabei auf alle Abweichungen aufmerksam machen; und **viertens** Streitigkeiten, die unseren Arbeitsprozess in der Sache behindern, bewusst machen und uns helfen, zur sachlichen Problemlösung zurückzukehren. Damit es aber möglichst gar nicht zu Konflikten kommt, müsste er **fünftens** geeig-*

nete Regeln für den Umgang aller Teilnehmer untereinander anbieten oder erarbeiten lassen und deren Einhaltung überwachen. Gleichzeitig soll unser Treffen aber auch inhaltlich fruchtbar und möglichst für jeden befriedigend sein, also müsste er ***sechstens*** *dafür sorgen, dass sich wirklich alle beteiligen, und zwar gleichberechtigt. Und wenn schon alle mitmachen, dann darf auch nichts von den Inhalten verloren gehen, also muss er* ***siebtens*** *möglichst viel aufschreiben oder visualisieren. Und dann, das wäre* ***achtens****, wünsche ich mir persönlich auch noch konkrete Gruppenarbeitstechniken oder Verfahren für eine abwechslungsreiche und spannende Arbeit. Ach ja, und* ***neuntens****, so jemanden gibt es nicht – zumindest nicht in unserer Firma.«*

»Das sehe ich auch so. Einen so ausgebildeten und erfahrenen Moderator oder eine Moderatorin gibt es in unserer Firma noch nicht. Wir bräuchten also jemanden von außen, der eine solche Moderation bei der nächsten Besprechung mit uns einfach einmal probiert, uns diese Methode damit auch vorstellt, vielleicht sogar schmackhaft macht. Und wenn unsere Arbeitstreffen dadurch auch nur ein bisschen effektiver werden und für alle zufrieden stellender verlaufen, sollten wir zwei oder drei von unseren Kollegen zu Moderatoren ausbilden. Kostet uns zwar etwas, könnte sich aber langfristig lohnen …«

»Hm, vielen Dank für Ihre Anregungen, ich will mich darum kümmern.«

Kapitel 2
Eine erste praktische Übung für das Moderieren

Wir möchten den Beginn Ihrer Lektüre dazu nutzen, Ihnen, liebe Leserin oder lieber Leser, ein einfaches, aber wirkungsvolles Moderationsverfahren vorzustellen. Es handelt sich um die **Ein-Punkt-Abfrage**. Sie soll ihnen helfen, sich über Ihre Motivation beim Lesen dieses Buches klar zu werden. Gleichzeitig lernen Sie ein Verfahren kennen, das besonders zu Beginn von Arbeitsgruppen geeignet ist, Stimmungsbilder in der Gruppe transparent zu machen.

Für die Ein-Punkt-Abfrage haben wir uns zwei Fragen überlegt:

- *»Wie groß ist mein Wissen über Moderation?«*
- *»Wie groß ist in diesem Augenblick meine Lust, das vorliegende Buch durchzuarbeiten?«*

Machen Sie bitte ein Kreuz an die Stelle auf der Pinwand, an der Sie sich im Augenblick »positionieren« würden. (Lassen Sie sich dabei von den Beispielen der Autoren – A, B, C oder D – aber nicht beeinflussen!)

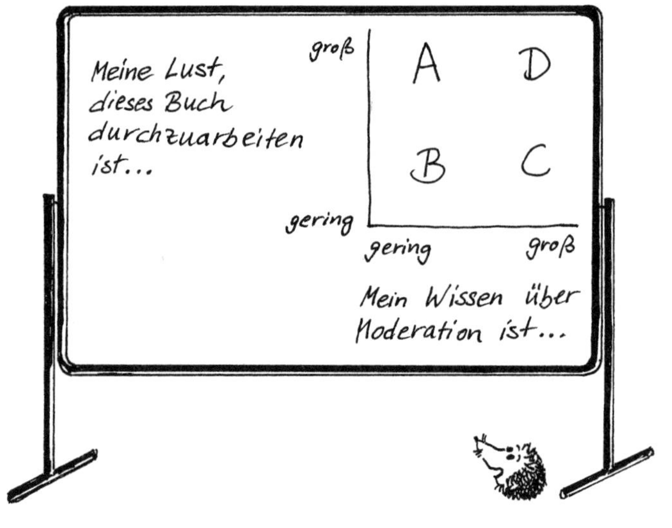

Sie wissen jetzt, wo Sie zu Beginn der Lektüre stehen. Sie könnten sich überlegen, was Sie schon wissen und noch lernen wollen. Sie könnten konkrete Fragen oder Erwartungen an dieses Buch formulieren. Sollten Sie beispielsweise bei Leselust »gering« angekreuzt haben, könnten Sie überlegen, was Sie jetzt tun müssen, um mit mehr Laune die kommenden Seiten anzugehen.

Als Autoren dieses Buches haben wir zu vier Beispiel-Positionen mögliche Empfehlungen für Sie überlegt:

A Ihr Kreuz bei »A« könnte bedeuten, dass Sie wenig über Moderation wissen, aber große Lust haben, dieses Buch durchzuarbeiten. Also: lesen Sie einfach los, auf einen Zug. Viel Spaß dabei.

B Ihr Kreuz bei »B«: Sie wissen wenig über Moderation, haben zudem wenig Lust, im Augenblick darüber etwas zu lesen. Muten Sie sich dieses Buch nur zu, wenn Sie unbedingt müssen. Andererseits: Der Appetit kommt manchmal mit dem Lesen.

C Ihr Kreuz bei »C« könnte bedeuten: Sie wissen schon viel über Moderation, Ihre Lektürelust ist eher »gedämpft«. Beschränken Sie sich auf die Stellen, für die das Inhaltsverzeichnis Ihnen Neues verspricht.

D Ihr Kreuz bei »D«: Betrachten Sie das Buch als einen Spiegel für die eigenen Erfahrungen. Bei viel Vorwissen und hoher Lernmotivation bringen schon die kleinen Perspektiv-Wechsel auf den folgenden Seiten Überraschungen, die Spaß machen.

In einer moderierten Arbeitssitzung würde eine ähnliche Auswertung durch die gesamte Gruppe vorgenommen: Sie hätte somit ein Bild über die eigene Ausgangssituation zu Beginn einer Sitzung erstellt. Die Gruppe könnte dann überlegen, ob sie gleich »loslegen« will oder ob es vorher noch etwas zu besprechen und zu regeln gibt. Das könnten beispielsweise Störungen sein, die einen schnellen Einstieg behindern und besser vorher geklärt werden sollten: beispielsweise äußere Bedingungen wie Raumtemperatur, Pausenzeiten; oder mehr sachliche wie die Zielvorgabe der Sitzung, die den Teilnehmern zu anspruchsvoll oder zu restriktiv vorkommen kann; oder mehr »innere« Umstände wie persönlicher Ärger,

Missmut oder Unlust. Mögliche Arbeitsfragen, die der Moderator zu Beginn der Auswertung stellen könnte: »Mit welchen Worten lässt sich das durch Ihre Punkte entstandene Gesamtbild beschreiben?« »Was folgt für Sie daraus für die weitere Arbeit heute?«

Wir werden bei der »Verabschiedung« des Buches (siehe S. 153) noch einmal auf die hier durchgeführte Ein-Punkt-Übung eingehen.

Ein Wegweiser durch das Buch

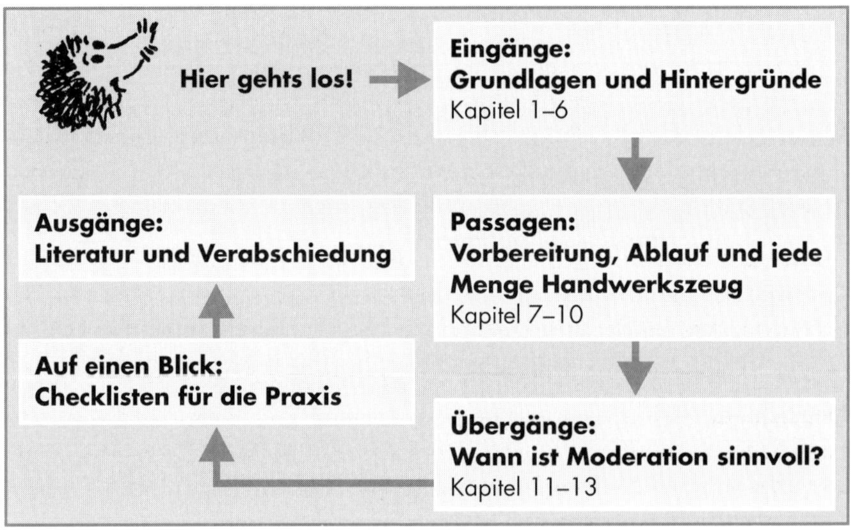

Kapitel 3
Was bedeutet Moderation?

Den meisten Menschen ist der Begriff »Moderation« vermutlich aus Funk und Fernsehen bekannt. Moderatorinnen oder Moderatoren führen durch das Programm. Sie sollen im rechten Maß durch das Geschehen lenken. Sie koordinieren alle Teilnehmer einer Sendung, verbinden verschiedene Teile und Phasen, leiten über, überwinden Pausen, erteilen das Wort, unterbrechen Vielredner, animieren oder provozieren schon einmal Schweiger, kurz: Sie behalten die Zügel der Sendung und die knappe Zeit mehr oder minder unauffällig in der Hand. Sie sind also für das Geschehen maßgebend.

Im betrieblichen Alltag spricht man von Moderation in Verbindung mit dem Leiten von Arbeitsgruppen. Häufig wird heute der Begriff unspezifisch als Synonym für jede Art der Lenkung oder Leitung verwendet.

Die »Erfinder« der Moderationsmethode in den 60er- und 70er-Jahren in Deutschland – beispielsweise Eberhard Schnelle, Karin Klebert oder Einhard Schrader (siehe kommentiertes Literaturverzeichnis) – hatten dagegen eine an den Strömungen der damaligen Zeit orientierte, vor allem gesellschaftspolitische Intention. Es ging ihnen darum, Gruppenmitglieder zu befähigen und zu ermutigen, ihren eigenen Willen zu artikulieren und ihr eigenes Wissen, ihre eigenen Interessen in Entscheidungsprozesse einzubringen. Ihre Erfahrung: Gruppen, die geschoben und gezogen, im schlimmsten Fall sogar durch einen Leiter manipuliert werden, entwickeln vielfältige Widerstände sowohl beim Bearbeiten inhaltlicher Fragestellungen als auch bei der Umsetzung von Maßnahmen in der betrieblichen Praxis. Die Lösung aus der Sicht dieser Moderationsbegründer: Der Leiter gibt seine Macht- und Allwissenheitsrolle auf und bietet sich als methoden- und verfahrenskompetenter Begleiter für den Arbeitsprozess an, dessen Ziele und Inhalte die Gruppe grundsätzlich selbst verantwortet.

Das in diesem Buch vertretene Verständnis von Moderation basiert auf den von Schnelle und anderen entwickelten Grundgedanken.

> Bei der Moderation handelt es sich also um eine Methode, mit der Arbeitsgruppen unterstützt werden können, ein Thema, ein Problem oder eine Aufgabe,
>
> - ❖ auf die Inhalte konzentriert, zielgerichtet und effizient,
> - ❖ eigenverantwortlich,
> - ❖ im Umgang miteinander zufriedenstellend und möglichst störungsfrei
> - ❖ sowie an der Umsetzung in die alltägliche Praxis orientiert
>
> zu bearbeiten.

Eine erfolgreiche Moderation ruht also auf zwei Pfeilern: zum einen auf einer Gruppe, die als »Souverän« des gesamten Arbeitsprozesses inhaltlich verantwortlich an einem Thema arbeiten will; zum anderen auf einem Moderator, der die Gruppe darin unterstützt. Dieses Verständnis von Moderation ist mit einer bestimmten **Haltung** und einem bestimmten **Auftreten des Moderators** verknüpft – eine Haltung, die etwas von dem rechten Maß und der Selbstkontrolle hat, die in der ursprünglichen lateinischen Bedeutung von »moderatio« liegt. Wichtigste Bestandteile dabei sind:

- ❖ die inhaltliche Unparteilichkeit und
- ❖ die personenbezogene Neutralität sowie
- ❖ die Verantwortungsübernahme für die methodische Unterstützung des Arbeitsprozesses der Gruppe.

»Klingt ja sehr anspruchsvoll. Wo kann denn ein solches Vorgehen in der betrieblichen Praxis zur Anwendung kommen?«

»In den letzten Jahren hat sich die Moderationsmethode wirklich zu einem weit verbreiteten Vorgehen entwickelt. Immer häufiger werden einzelne Arbeitstreffen von ausgebildeten Mitarbeitern oder von externen Moderatoren moderiert. Solche Sitzungen können beispielsweise sein:

- *wöchentliche Routinebesprechungen auf allen Führungsebenen im Unternehmen;*
- *Gruppenarbeitssitzungen in der Produktion;*
- *Krisensitzungen, wie in unserem Beispiel mit Meistern und Ingenieuren;*
- *Arbeitsgruppen im Rahmen einer prozessorientierten Unternehmensberatung;*
- *›action teams‹ in Reengineering-Projekten,*
- *›implementation teams‹ bei der Einführung neuer Qualitätsstandards oder*
- *›KVP-Gruppen‹ (**K**ontinuierliche **V**erbesserungs-**P**rozesse) zur Verbesserung der Kundenorientierung.«*

Kapitel 4
Die Stärken der Methode: Vier Erfahrungen

❶ **Die Kompetenz, das Wissen und die Kreativität möglichst aller Teilnehmer der Arbeitssitzung werden genutzt. Allen Gruppenmitgliedern wird die aktive Teilnahme ermöglicht. Die Synergie erhöht die Qualität des Ergebnisses.**

Dazu werden Arbeitsverfahren eingesetzt, die alle Teilnehmer mit ihren subjektiven Voraussetzungen gleichermaßen aktivieren und einen lebendigen Arbeitsprozess ermöglichen, beispielsweise durch das Karten-Antwort-Verfahren oder durch Kreativitätstechniken wie das Brainstorming. Die Gleichbehandlung aller Gruppenmitglieder durch den Moderator ist dabei eine wichtige Voraussetzung.

❷ **Der moderierte Arbeitsprozess lässt ein hierarchiefreies Klima entstehen. Die Teilnehmer arbeiten gerne mit; die Wahrscheinlichkeit, dass sie mit Verlauf und Ergebnis zufrieden sind, steigt.**

Die Rolle des Moderators und die Regeln der Moderationsverfahren sind darauf ausgerichtet, in der Gruppe niemanden zu bevorzugen oder zu benachteiligen. Alle erhalten grundsätzlich die gleichen Möglichkeiten zur Teilnahme am Arbeitsprozess.

»Das heißt dann, dass ich als Vorgesetzter und Besprechungsteilnehmer vom Moderator und von der Gruppe als Gleicher unter Gleichen behandelt werde. Dem kann ich persönlich gut zustimmen. Was ist aber mit Vorgaben der Geschäftsleitung, Zielen des Unternehmens, objektiven Rahmenbedingungen und auch den Gewohnheiten der Angehörigen der Hierarchie,die in solch einer Sitzung unbedingt

ihre Vorgaben, Auffassungen und auch Interessen durchsetzen wollen oder müssen und auf ihrer Vorgesetztenrolle bestehen?«

»Erfahrene Moderatoren sprechen derartige Probleme möglichst im Vorfeld der Moderation mit den beteiligten Vorgesetzten ab und erläutern ihnen die Idee der Moderation. Wenn eine Entscheidung für eine Sache schon eindeutig feststeht, dann raten sie davon ab, dazu noch eine moderierte Arbeitssitzung durchführen zu lassen. Wenn aber noch Alternativlösungen aus der Gruppe möglich oder gewünscht sind, dann sollten sie sich auf die gemeinsam vereinbarten Regeln einlassen und sich daran halten – als Gleiche unter Gleichen.«

»Und das klappt?«

»Meistens sehr gut sogar. Mir ist beispielsweise ein Versicherungsunternehmen bekannt, in dem nach einer Reorganisation notwendige Anpassungs- und Realisierungssitzungen moderiert wurden. An einigen dieser Sitzungen nahmen bis zu vier Führungsebenen teil, die sich intensiv und mit großer Zufriedenheit verständigen konnten. Aber das funktioniert nicht immer. Die Moderationsmethode ist leider auch kein Wunderheilmittel für eine diffuse und ungeklärte Führungskultur im Unternehmen.«

»Aber was ist mit Zielvorgaben des Unternehmens, Sachzwängen und Vorentscheidungen von meiner Seite? Die müssen in der Sitzung doch irgendwie zur Geltung kommen?«

»Die sollten Sie im Vorfeld mit dem Moderator ausführlich besprechen. Der Moderator oder auch Sie persönlich können dann zu Beginn der Sitzung darstellen, was offen für eine gemeinsame Gestaltung ist und was nicht. Innerhalb des von Ihnen vorgegebenen Rahmens können die Themen moderiert werden. Auch eine selbstverantwortliche Gruppe agiert natürlich nicht im luftleeren Raum.«

❸ Störungen und Konfliktsituationen während der Arbeitsprozesse werden bearbeitet und versachlicht, um die volle inhaltliche Leistungsfähigkeit der Gruppe zu erhalten oder wiederherzustellen.

Der Moderator wird der Gruppe Störungen und Konflikte, die das zielgerichtete Arbeiten am Thema beeinträchtigen, mitteilen und zur Behandlung anbieten. Er versucht so, wieder zur sachlichen Arbeit zu ermutigen. Er stellt sicher, dass die inhaltliche Aufgabe im Vordergrund steht und deren Bearbeitung möglichst nicht durch unterschwellige Konflikte beeinträchtigt wird.

❹ Die erarbeiteten Ergebnisse einer moderierten Sitzung finden bei den Teilnehmern hohe Akzeptanz. Dadurch steigt ihre Realisierungs- und Umsetzungschance nach Beendigung des Arbeitsprozesses.

In einem moderierten Arbeitsprozess sind alle Teilnehmer aktiv beteiligt und gemeinsam für das inhaltliche Ergebnis verantwortlich. Ein solches Gesamt-Ergebnis wird im Idealfall von allen Gruppenmitgliedern gleichermaßen getragen. Der Moderator unterstützt deshalb ein konsensorientiertes Vorgehen schon während des Arbeitsprozesses.

»Das ist dann wahrscheinlich auch der Grund, warum immer mehr Beratungsunternehmen, die an wirklichen Veränderungen beim Kunden interessiert sind, mit moderierten Gruppen arbeiten. Wenn ich mir die ganzen Vorteile noch einmal durch den Kopf gehen lasse, liegt das wichtigste Merkmal einer moderierten Arbeitssitzung, egal ob Besprechung oder Projektsitzung darin, dass die gesamte Gruppe gleichberechtigt, zielgerichtet und konsensorientiert an einem Sachthema oder Problem arbeitet. Und die Gruppe trägt für das Ergebnis die volle inhaltliche Verantwortung. Der Moderator begleitet und fördert diesen Arbeitsprozess methodisch.«

Kapitel 5
Moderation und Leitung einer Arbeitsgruppe: Die wichtigsten Unterschiede

»Das klingt bisher alles recht gut. Moderation versucht also etwas anders vorzugehen als die klassische Bersprechungsleitung, wie ich sie in meiner Praxis bisher kennen gelernt habe. Wo liegen denn nun die zentralen Unterschiede?«

»In der folgenden Übersicht finden Sie idealtypisch die wichtigsten Unterschiede zwischen dem Moderieren und dem Leiten am Beispiel einer Besprechung gegenübergestellt. Diese Gegenüberstellung ist bewusst extrem ausformuliert, um die Besonderheiten, die in beiden Möglichkeiten liegen, herauszustellen.

Arbeitsgruppen leiten	Arbeitsgruppen moderieren
Als Leiter einer Besprechung bin ich immer auch **inhaltlich beteiligt**, beispielsweise nehme ich Stellung, bewerte die Aussagen anderer und verstärke bestimmte Beiträge.	Als Moderator einer Arbeitssitzung bin ich **inhaltlich unparteiisch** und trage dazu bei, dass alle Aussagen gleichrangig Beachtung finden.
Als Leiter werde ich bei der Vorbereitung und Durchführung der Besprechung **weniger Konzentration auf die Auswahl bestimmter Methoden und Verfahrensweisen** verwenden; mein Hauptaugenmerk liegt auf dem Inhalt.	Als Moderator liegt der Schwerpunkt meiner **Konzentration auf der Auswahl und Anwendung von Methoden und Verfahren**. Ein Teil der Konzentration liegt auf dem Inhalt, für den aber die Gruppe die ausschlaggebende Verantwortung trägt.
Als Leiter ist häufig **meine Willensdurchsetzung** gefragt. Ich vertrete Vorgaben und Ziele des Unternehmens, objektive Rahmenbedingungen oder Sachzwänge, und ich lasse meine Prioritäten auch deutlich erkennen.	Als Moderator bin ich ausschließlich für den **Willensbildungsprozess der Gruppe** verantwortlich, unter Beachtung des Prinzips der Gleichwertigkeit aller Teilnehmer und Beiträge. Meine inhaltlichen Prioritäten gebe ich – selbst auf Nachfrage – nicht zu erkennen.
Als Leiter **gebe** ich gewöhnlich die **konkreten Arbeitsziele vor**.	Als Moderator **fördere** ich **die Gruppe** dabei, wie sie die **Ziele erarbeitet**. Werden Ziele vorgegeben, soll die Gruppe Einverständnis über die Ziele herstellen.
Als Leiter werde ich **Störungen**, beispielsweise Rivalitäten oder persönliche Angriffe **vermeiden, ignorieren, tadeln** oder die Parteien **zur Sachlichkeit ermahnen**.	Als Moderator werde ich personenbezogen neutral der Gruppe meine Wahrnehmungen über die Gruppenarbeit störende Entwicklungen mitteilen, also **spiegeln**. Ich frage die Gruppe, wie sie mit dem Geschilderten umgehen will. Ich kann **methodische Hilfen** für die Weiterarbeit anbieten.
Als Leiter arbeite ich mit den **ungeschriebenen Regeln der Leitungskunst** (beispielsweise: »Kein Beitrag länger als 30 Sekunden!«).	Als Moderator unterstütze ich die Teilnehmer dabei, Regeln für den Umgang miteinander zu formulieren. Ich kann der Gruppe auch Vorschläge für solche Regeln machen.
Als Leiter **delegiere** ich in der Regel die **Protokollierung** der Sitzung oder erledige die Aufgabe nebenbei und mache mir Notizen, damit im Nachhinein ein Protokoll erstellt werden kann.	Als Moderator ist es für mich eine wichtige Aufgabe, Vereinbarungen, Arbeitsschritte und Ergebnisse **offen** (für alle sichtbar) und **simultan** (möglichst zeitgleich zum Arbeitsprozess) darzustellen, zu **visualisieren**.
Als Leiter bin ich meist auch der **hierarchisch Höhergestellte**; meine Aussagen besitzen damit von vornherein ein besonderes Gewicht.	Als Moderator besitze ich besondere **methodische Verantwortung** für den Arbeitsprozess. Dafür habe ich besondere Kompetenzen. Ansonsten spielt weder meine noch die Position der Teilnehmer in der Unternehmenshierarchie während der Arbeitssitzung eine Rolle.

»Aber die Praxis?!«

Betrachtet man Arbeitssitzungen in der betrieblichen Praxis genau, so lässt sich die hier aufgeführte, um der Klarheit willen scharf gezeichnete Trennung zwischen Leitung und Moderation nicht immer aufrechterhalten. Manche Leiter verhalten sich inhaltlich neutral, und manche fühlen sich stark für die Methoden und Arbeitsweisen verantwortlich, setzen gelegentlich sogar einige Moderationsverfahren wie das Karten-Antwort-Verfahren ein. Auf der anderen Seite gibt es Moderatoren, die konsequent im Sinne des in diesem Buch vertretenen Verständnisses von Moderation vorgehen, aber gelegentlich doch inhaltliche Einschübe machen, um den Arbeitsprozess in eine bestimmte, inhaltliche Richtung voranzutreiben.

All das kommt täglich vor – und spricht weder gegen die Leistungen einer »reinen« Leitung noch gegen die einer »reinen« Moderation. Mischformen können sogar sinnvoll sein. Sie können der von allen gewünschten Zielerreichung dienen oder der Intensivierung von Mitarbeit an Besprechungen. Nicht zuletzt durch die Erfolge der Moderation hat auch die klassische Besprechungsleitung viele Impulse für eine Weiterentwicklung erhalten.

Im Falle der Moderation jedoch führt das »heimliche« Aufweichen der zentralen Arbeitsprinzipien – der Moderator behauptet zwar, inhaltlich unparteiisch zu sein, verfolgt aber beispielsweise durch die Art seiner geschlossenen und leicht suggestiven Fragen ein bestimmtes inhaltliches Interesse – erfahrungsgemäß immer wieder dazu, dass sich die Teilnehmer nicht ernst genommen und manchmal sogar regelrecht manipuliert vorkommen: »Es hieß zwar, dass wir für die Ergebnisse verantwortlich sind, der da vorne will uns letztlich aber doch in eine Richtung lenken, sagt das aber nicht deutlich.«

Resultat und Ratschläge für die Praxis

- Wir plädieren für »offene Karten«: Wenn Leitung, dann Leitung. Und wenn Moderation, dann Moderation – so exakt und konsequent, wie die Situation dies zulässt.
- Im Übrigen: Abweichungen immer wieder bewusst thematisieren und begründen.
- In der Praxis »saubere« Erfahrungen sammeln, um dadurch die Leistungskraft der Moderation zu erleben und zu nutzen.
- Die Moderation als ganz normales, zusätzliches Methodenangebot anwenden, statt sie als neues Wundermittel und Zauberformel anzupreisen und einzuführen.

Kapitel 6
Der Moderator: Was zeichnet ihn aus?

Ein Moderator wird nur dann erfolgreich arbeiten, wenn er von der nicht-leitenden und nicht-bevormundenden Moderationsphilosophie überzeugt ist und dies auch in seinem Moderationsverhalten zum Ausdruck bringt. Noch so gute Kärtchenverfahren und andere Techniken können allein keine effiziente Kooperation in der Gruppe bewirken.

Daraus folgt die Frage: Was muss ein Moderator mitbringen und wie muss er sich verhalten, um erfolgreich im Sinne der hier vorgestellten Moderationsmethode arbeiten zu können?

Wir wollen den Moderator mit zwei prall gefüllten Koffern ausstatten, mit denen er über ein taugliches Arsenal an Hilfsmitteln verfügt.

Im **Werkzeugkoffer** finden sich die verschiedenen Arbeitsverfahren, die klassischen Moderationsverfahren (beispielsweise das Karten-Antwort-Verfahren) oder andere Gruppenarbeitsverfahren, die in einer Moderation verwendet werden können (beispielsweise das Brainstorming). Diese Verfahren helfen bei der Sammlung, Strukturierung, Gewichtung und weiteren Bearbeitung von Inhalten einer Gruppenarbeit.

Diese Verfahren werden in Kapitel 8 und 9 im Einzelnen behandelt.

In diesen Koffer gehören auch die Visualisierungstechniken, um während des gesamten Arbeitsprozesses (Zwischen-)Ergebnisse, wichtige Arbeitsschritte oder Ideen transparent zu machen. Dies kann mit Hilfe von Flipchart, Pinwand oder Tafel erfolgen.

Die Visualisierung wird in Kapitel 10 ausführlich behandelt.

Verfahren und Techniken für die Gruppenarbeit reichen jedoch nicht aus, um eine Arbeitssitzung zielgerichtet zu moderieren. Was der Moderator benötigt, um den Arbeits**prozess** der Gruppe methodisch zu begleiten und zu unterstützen, haben wir in den **Prozesskoffer** gepackt. Dazu gehört beispielsweise die Art, wie er mit Fragen arbeitet, wie er auf Zielverfolgung achtet, das Ziel und den Weg dorthin transparent macht.

Beide Koffer nutzen wenig, wenn der Moderator nicht auf einem stabilen Fundament steht, das wir als seine **Moderatoren-Haltung** beschreiben. Sie ist gekennzeichnet durch **inhaltliche Unparteilichkeit** und **personenbezogene Neutralität**.

Das Fundament I: Inhaltliche Unparteilichkeit

Aus der inhaltlichen Debatte eines Themas hält sich der Moderator während seiner Moderation bewusst heraus. Er vermeidet bewertende Stellungnahmen für oder gegen eine Idee, einen Vorschlag oder eine Behauptung. Seine eigene Meinung zum Thema behält er für sich; er verhält sich also inhaltlich unparteiisch oder neutral. Es gibt für ihn kein »richtig« oder »falsch«. Seine Akzeptanz sucht er ausschließlich als **methodisch Verantwortlicher für den Arbeitsprozess.**

Aus der Forderung nach inhaltlicher Unparteilichkeit folgt für die Moderationspraxis beispielsweise, dass sich Vorgesetzte von anwesenden Gruppenteilnehmern als Moderatoren schwer tun, da sie selbst dezidiert inhaltliche Interessen verfolgen.

Dagegen zeigt die Moderationspraxis, dass sich auch Personen durchaus als Moderatoren eignen, die über kein oder nur sehr wenig inhaltliches Wissen über das Thema der Gruppe verfügen. Sie können sich mit ganzer Aufmerksamkeit auf den Arbeitsprozess konzentrieren.

»Das scheint mir nun doch etwas zu praxisfremd. Wenn ich eine Sitzung einberufe, dann habe ich auch ein Ziel. Um dieses Ziel zu erreichen, muss ich als Leiter der Gruppe auch Vorgaben machen, sonst ufert die Diskussion doch völlig aus.«

»Natürlich können Sie als Leiter einer Besprechung inhaltlich Stellung beziehen. Das geschieht auch immer wieder, wenn Gruppen durch einen Leiter zu einer Sitzung einberufen werden. Sie haben dann vielfältige Möglichkeiten zur Steuerung und Beeinflussung. Sie können Aussagen von Teilnehmern bewerten, loben oder kritisieren. Sie können geäußerte Meinungen verstärken oder abschwächen, betonen oder links liegen lassen. Sie als Leiter können damit durchaus erreichen, dass alle von Ihrer Meinung überzeugt sind und Ihnen begeistert zustimmen. Es kommt dabei aber auch vor, dass einige gegen Ihre Meinung sind und daher auch Ihre Leitungsautorität in Zweifel ziehen. Manche werden sich aber nicht trauen, Ihnen zu widersprechen. Wieder andere werden insgeheim den Sinn der Sitzung überhaupt infrage stellen, wenn doch schon alles im Voraus entschieden scheint. Ein Moderator dagegen könnte eine Alternative bieten, bei der die inhaltliche Arbeit durch die mobilisierte und gebündelte Fachkompetenz aller Erfahrungsträger erfolgt, die methodische Gestaltung dieses Arbeitsprozesses aber von ihm als Methodenfachmann abgesichert wird.
Ein solches Vorgehen, und da decken sich vielleicht unsere beiden Ansichten, ist für sehr viele Menschen in der betrieblichen oder sonstigen Praxis, in denen Gruppen zum Arbeiten zusammenkommen, häufig noch sehr ungewohnt und stellt eine echte Herausforderung dar.«

Das Fundament II: Personenbezogene Neutralität

Mit personenbezogener Neutralität ist keine gefühllose Haltung oder gar Gefühlskälte des Moderators gemeint, sondern eine möglichst gleiche Wertschätzung allen Beteiligten gegenüber. Niemand wird bevorzugt oder benachteiligt, die Meinungen, Haltungen und Einstellungen in der Gruppe sind für den Moderator grundsätzlich gleich wichtig. Es ist seine Aufgabe, auch Minderheiten Gehör zu verschaffen und damit das gesamte Meinungsspektrum in der Gruppe offen zu legen.

Diese Forderung stellt vielleicht für manche Leserinnen und Leser eine Selbstverständlichkeit dar. Sie glauben, zumindest äußerlich allen Teilnehmern einer Sitzung das gleiche Maß an Wertschätzung entgegenbringen zu können, und sie bemühen sich redlich. Aber in der Praxis ist häufig genug zu beobachten, dass gerade inhaltlich engagierte Leiter unbewusst manche Teilnehmer bevorzugen, andere dagegen benachteiligen. In unserem Arbeitsalltag finden die schnelle, pragmatische Lösung, der rasche Einfall oft mehr Beifall als das Bemühen um alternative Lösungen. Unsere gewohnten Denk- und Verhaltensmuster verhindern meistens die nachhaltige Suche nach dem Neuen, dem Ungewöhnlichen. Die Ausbildung betont das Urteilen in »richtig« und »falsch«. Wir bemühen uns oft nicht genug, andere, abweichende Aussagen auf ihre Tragfähigkeit hin zu prüfen und ihr Lösungspotenzial zu ergründen. Dem widersteht ein erfahrener Moderator. Er geht von der grundsätzlichen Gleichwertigkeit subjektiver Wirklichkeitskonstruktionen aus. So kann er die Gruppe davor bewahren, vorschnell auf geäußerte Ideen zu verzichten, die erstbeste Lösung aufzugreifen, den »Querdenker« zu blockieren oder die »Leisen« zu überhören.

Die Betreuung des Arbeitsprozesses: »Gegenstände« aus dem Prozesskoffer

Die beiden Bedingungen einer erfolgreichen Moderation – inhaltliche Unparteilichkeit und personenbezogene Neutralität – erweitern die Reaktions- und Handlungsmöglichkeiten des Moderators im Vergleich zu einem inhaltlich engagierten und weitgehend festgelegten Besprechungsleiter. Durch die Unparteilichkeit und Neutralität erhält der Moderator den notwendigen Freiraum für seine eigentliche Aufgabe: Er ist zuständig für den **Arbeitsprozess** der Gruppe.

Bei der Unterstützung des Arbeitsprozesses der Gruppe achtet der Moderator darauf, dass

❶ der gesamte Arbeitsprozess strukturiert verläuft;

❷ für den Arbeitsprozess Ziele vereinbart und im Auge behalten werden;

❸ er im gesamten Arbeitsprozess immer wieder unterstützende Regeln anbietet oder die Gruppe anregt, Regeln selbst zu formulieren;

❹ er situativ sinnvolle Arbeitsverfahren anbietet, ihre Regeln erläutert und deren Einhaltung betreut;

❺ der Kontakt zwischen den Teilnehmern auf einer tragfähigen Beziehungsbrücke verläuft;

❻ er eine fragende Haltung einnimmt;

❼ er das Geschehen in der Gruppe mit einer gewissen Regelmäßigkeit mit eigenen Worten wiederholt und zusammenfasst.

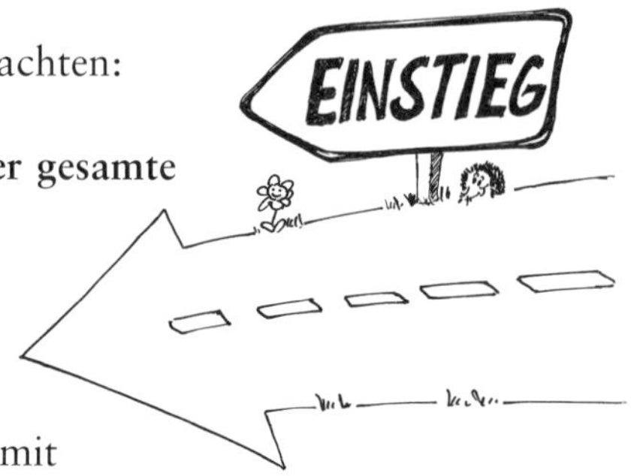

Wir wollen diese sieben Punkte näher betrachten:

❶ Der Moderator achtet darauf, dass der gesamte Arbeitsprozess strukturiert verläuft.

Ein ausführliches Beispiel findet sich in Kapitel 8

Dazu gehört sowohl der Einstieg in den Arbeitsprozess, beispielsweise mit Begrüßung, Stimmungsabfrage und Zielklärung, als auch der Ausstieg, beispielsweise mit Maßnahmenplan oder Erwartungsabgleich. Dazu gehört aber auch die Gestaltung des Hauptteils, indem beispielsweise Teilziele vereinbart oder unterschiedliche Arbeitsschritte angeboten werden.

❷ Der Moderator achtet darauf, dass für den Arbeitsprozess Ziele vereinbart und im Auge behalten werden.

Jede Besprechung, jede Problemlösungssitzung oder jeder Arbeitsprozess hat ein bestimmtes Ziel. Es wird zu Beginn des moderierten Arbeitsprozesses für alle in der Gruppe eindeutig geklärt und formuliert. An diesem Ziel orientiert sich auch der Moderator in seiner methodischen Verantwortung für den Arbeitsprozess. Er wird alles tun, um die Gruppe auf dem Weg zu diesem Ziel zu unterstützen.

»Ich hatte heute Morgen so etwas wie ein Ziel vorgeschlagen: Das Problem einmal in einer ersten Runde anzugehen, hatte ich gesagt. Das ist natürlich grob formuliert.«

»Für eine erste moderierte Sitzung hätten Sie als Ziel vorschlagen und mit der Gruppe abklären können: ›Sammeln und Ausformulieren von offenen Fragen in der aktuellen Zusammenarbeit zwischen Meistern und Ingenieuren‹ sowie ›Erstellung eines Maßnahmenplans für das weitere Vorgehen bis zum nächsten Treffen‹.«

Sich um die Zielverfolgung kümmern bedeutet dann, dass der Moderator der Gruppe mitteilt, an welcher Stelle auf dem Weg zum Ziel sie gerade steht. Er hilft, Zwischenergebnisse zu formulieren und zu visualisieren. Gleichzeitig macht er die Gruppe darauf aufmerksam, wenn sie vom Weg zum Ziel abweicht, auf Nebenschauplätzen arbeitet oder dabei ist, geplante Arbeitsschritte unbesprochen zu überspringen. Er teilt der Gruppe also mit, was sie gerade tut, und fragt sie, ob sie das, was sie tut, auch wirklich tun will. Es ist dann die Aufgabe der Gruppe zu entscheiden, wie sie weiterarbeiten möchte; ob der Nebenschauplatz zum – zeitlich begrenzten – Hauptthema werden soll, ob er »vertagt« werden kann und später wieder aufgegriffen werden soll.

Der Moderator wiederholt dabei hauptsächlich mit eigenen Worten die gemachten Äußerungen, er schafft so Übersicht, sorgt für einen gleichen Diskussionsstand bei allen Anwesenden, weist auf den Unterschied zwischen Verfahrensfragen und inhaltlichem Vorgehen hin. Und er arbeitet mit unterstützenden Fragen. Beispielsweise: »Was wollen Sie damit weiter tun?« »Was bedeutet diese Aussage für Ihr weiteres Vorgehen?« »Was heißt das für die soeben getroffene Entscheidung?« »Es wurden soeben zwei alternative Verfahrensvorschläge gemacht, nämlich ... Die darauf folgenden Äußerungen führen bereits den ersten Vorschlag weiter. Ich empfehle Ihnen, zuerst das weitere Vorgehen zu entscheiden und dann die zugehörigen Fragen zu diskutieren.«

»Was ist aber, wenn Gruppenmitglieder mitten in der Arbeitssitzung das Ziel des Treffens verändern? Wenn ich Moderator wäre, würde ich denen aber ordentlich meine Meinung sagen!«

»Es ist nicht Aufgabe des Moderators, die Gruppe zu bewerten, zu loben oder zu tadeln. Damit würde er vor allem seine personenbezogene Neutralität aufgeben und das Vertrauen der Gruppenteilnehmer in seine Integrität aufs Spiel setzen. In der Praxis besteht das eigentliche Problem meist gar nicht darin, dass eine Gruppe bewusst und gewollt ihr Ziel verändert, sondern dass dies unbemerkt oder heimlich erfolgt. Der Moderator bringt die Gruppe dazu, einen solchen Schritt offen und nachvollziehbar zu entscheiden. Wenn eine Gruppe im Verlauf des Arbeitens merkt, dass sie ein gesetztes Ziel nur dann erreichen kann, wenn sie vorher andere Fragen geklärt hat, dann soll und wird sie dies tun. Der Moderator hilft ihr dabei, weist auf die Folgen für die aktuelle Sitzung hin, auf Zeitprobleme, möglicherweise notwendige neue Treffen oder den eventuell vom Auftraggeber vorgegebenen Rahmen. Aber Souverän des Prozesses und der Entscheidungen ist und bleibt die Gruppe.«

❸ Der Moderator achtet darauf, dass er situativ sinnvolle Arbeitsverfahren anbietet, ihre Regeln erläutert und deren Einhaltung überwacht.

Der Moderator unterbreitet immer wieder Vorschläge, welche konkreten Verfahren möglich und nach seiner Erfahrung zum jeweiligen Zeitpunkt des Geschehens sinnvoll sind, um das gesetzte Ziel zu erreichen. Beispielsweise kann er das Sammeln von Themenvorschlägen durch das Karten-Antwort-Verfahren oder durch eine Zuruf-Sammlung vorschlagen. Er kann empfehlen, die Reihenfolge für die Themenbearbeitung durch das Gewichtungsverfahren festzulegen, einzelne Themen durch sorgfältig vorbereitete Kleingruppenarbeit oder durch eine moderierte Diskussion zu bearbeiten. Er stellt das spezifische Ziel und die Leistungsfähigkeit des jeweiligen Verfahrens vor, beschreibt den Ablauf und erläutert die Regeln für die Durchführung.

Beispiele für die Anwendung der Verfahren finden Sie im Kapitel 8 über den »Möglichen Ablauf einer moderierten Sitzung«. Die ausführliche Beschreibung von Zielen und Vorgehen der verschiedenen Verfahren finden Sie im Kapitel 9.

❹ Der Moderator achtet darauf, dass er im gesamten Arbeitsprozess immer wieder unterstützende Regeln anbietet oder die Gruppe anregt, Regeln selbst zu formulieren.

Spielregeln können die Kooperation der Gruppenmitglieder während einer Arbeitssitzung erleichtern, fördern oder positiv vorantreiben. Das ist immer dann der Fall, wenn diese Regeln für die Zusammenarbeit auf die anwesenden Teilnehmer maßgeschneidert sind und zur konkreten Situation passen. Derartige Spielregeln sind also weder »Knebel« (Verbote) für Vielredner noch »Antreiber« (Gebote) für Wenigredner oder Desinteressierte.

Die einfache, immer wieder anzutreffende Regel »Jeder darf nur eine Minute (oder ähnlich) lang reden« beispielsweise bremst vielleicht den einen oder anderen Vielredner, ist aber häufig der einzige Versuch von Gruppen, die Zusammenarbeit in den Griff zu bekommen. Es gibt jedoch eine Vielzahl von praxiserprobten Regeln. Und es gibt für Gruppen kaum Grenzen, immer wieder hilfreiche, den Umgang der Gruppenmitglieder miteinander unterstützende Regeln selbst zu formulieren.

Erfahrene Moderatoren entwickeln die Spielregeln für konkrete Situationen während des Arbeitsprozesses oftmals mit der Gruppe gemeinsam.

Unabhängig von diesem Vorgehen überlegt sich der Moderator vor der Moderation, welche Spielregeln für die jeweils konkrete Gruppe vermutlich von Anfang an geeignet sind und welche er aus seiner Erfahrung heraus anbieten möchte.

Einige Beispiele für Spielregeln in moderierten Gruppenarbeiten:

- *Ich begründe jede geäußerte Meinung knapp und auf das Wesentliche reduziert.* Damit ermöglichen wir, dass sachlicher, differenzierter und ergiebiger über Standpunkte und Hintergründe diskutiert wird, die Beweggründe der Einzelnen werden transparenter.
- *Ich begründe Fragen an andere Teilnehmer kurz* (»Ich frage aus folgendem Grund ...«). Damit vermeiden wir, dass sich der Gegenüber ausgefragt fühlt, vorgeführt oder kontrolliert vorkommt oder dass er meint, ihm sollten Fehler nachgewiesen werden. *Ich spreche möglichst mit »ich« statt mit »man«*, um meine Meinung eindeutig als solche zu kennzeichnen, um »Flagge zu zeigen«. Dadurch fällt es den anderen Gruppenmitgliedern auch leichter, über den Inhalt einer persönlichen Meinung sachlich zu sprechen, statt gegen eine generalisierende Behauptung angehen zu müssen.
- *Ich lasse die persönlichen Erfahrungen des Gesprächspartners als seine subjektive Perspektive (seine subjektive Wirklichkeit) gelten.* Dadurch zeige ich meine Wertschätzung der Person des anderen gegenüber und erhalte so die gleiche Wertschätzung/Aufmerksamkeit für meine Erfahrungen.
- *Bevor ich jemandem widerspreche, wiederhole ich mit meinen eigenen Worten, was ich von ihm verstanden habe.* Damit vermeiden wir ein Aneinandervorbeireden bei kontroversen Diskussionen.
- *Erst wenn wir unterschiedliche Meinungen visualisiert haben, diskutieren wir sie vergleichend.* Damit stellen wir die gleiche Ausgangslage für alle Teilnehmer her.
- *Störungen, die das sachliche Weiterarbeiten in der Gruppe massiv beeinträchtigen, bearbeiten wir vorrangig.* Damit stellen wir sicher, dass Störungen die Zielerreichung nicht behindern und die Gruppe rasch zur inhaltlichen Weiterarbeit zurückfindet.
- *Wir bemühen uns, jeden Redebeitrag auf maximal eine Minute zu beschränken.* Damit erreichen wir, dass möglichst viele in der Gruppe zu Wort kommen.
- *Wir erarbeiten unsere Ergebnisse konsensorientiert – und möglichst nicht auf der Grundlage von Mehrheitsabstimmungen.* Damit versuchen wir »Winner-Looser«-Situationen zu vermeiden und »Winner-Winner«-Gelegenheiten zu schaffen.

❺ Der Moderator achtet darauf, dass der Kontakt zwischen den Teilnehmern auf einer tragfähigen Beziehungsbrücke verläuft.

Erfolgreiches inhaltliches Arbeiten (auf der Sachebene) ist nur möglich, wenn die Beziehungen zwischen den Gruppenmitgliedern, die Art und Weise ihres Umgangs miteinander, einigermaßen intakt sind. Störungen auf der Beziehungsebene, also beispielsweise ungeklärte Missverständnisse, Rivalität, Neid, ausgesprochene Vorurteile, können das Arbeiten in der Sache erschweren, manchmal sogar völlig blockieren.

Der Moderator als Kommunikationsfachmann muss daher auf problematische Interaktionen zwischen den Teilnehmern achten – beispielsweise wenn sie aneinander vorbeireden, wenn bestimmte Beiträge nicht ernst genommen werden, wenn Meinungsunterschiede zu persönlichen Angriffen führen. Bei Störungen, die den Arbeitsprozess einer Gruppe **offensichtlich stark behindern oder sogar zu blockieren drohen**, teilt der Mode-

rator seine Wahrnehmung der Gruppe mit, lenkt ihre Aufmerksamkeit auf die Situation, sodass die Gruppe prüfen kann, ob, wie und wann sie darauf reagieren will.

Viele in einer solchen Situation auftretenden Probleme kann der Moderator nicht allein lösen. Dies ist auch nicht seine Aufgabe. Er kann aber die Teilnehmer darauf aufmerksam machen, wann beispielsweise von der inhaltlichen Diskussion abgewichen wird (indem immer wieder Verfahrensfragen oder -anträge gestellt werden) oder wenn Beiträge nur noch von ein und demselben Teilnehmer kommen und die anderen sich nur noch zu langweilen scheinen. Der Moderator teilt der Gruppe mit, was er wahrnimmt. Für das weitere Vorgehen könnte er an vereinbarte Spielregeln erinnern, neue anregen und mit der Gruppe vereinbaren, damit alle weiter an den Inhalten arbeiten können.

Eine Regel, die sich in Situationen bewährt hat, in denen die Teilnehmer mit dem »Bohren in alten Wunden« und Schuldzuweisungen für Fehler in der Vergangenheit den Arbeitsprozess behindern, lautet: »Wir schauen nicht mehr darauf, was in der Vergangenheit wie und warum passiert ist, sondern arbeiten ausschließlich auf die Zukunft hin. Es gelten also nur noch Argumente, die und helfen, wie wir etwas in der Zukunft machen wollen!«

Darüber hinaus kann der Moderator der Gruppe alternative Vorschläge machen, wie mit einer gravierenden Störung umgegangen werden kann: Sie könnte angesprochen und formuliert werden. Sie könnte an Ort und Stelle behandelt, »geparkt« oder auf einen neuen Termin vertagt werden. Wichtig dabei ist, dass die Gruppe die Chance erhält, mit einer klaren Entscheidung ihre Arbeitsfähigkeit wieder selbst herzustellen. So kann der Moderator dazu beitragen, dass kleinere Störungen sofort aus der Welt geschaffen werden, größere zumindest nicht mehr unmittelbar in den aktuellen Arbeitsprozess »hineinfunken«. Und sollte die Gruppe auf größere Probleme stoßen, kann er das Bewusstsein dafür schärfen, sich damit demnächst zielgerichtet im Unternehmen mit den Beteiligten, vielleicht in einer moderierten Sitzung, zu beschäftigen.

❻ Der Moderator nimmt eine fragende Haltung ein.

Der Moderator unterstützt den Prozess der Gruppe häufig mit Fragen. Er nimmt eine fragende Haltung ein. Er regt die Gruppe an, sich für das Geschehen in der Gruppe zu interessieren und sich mit unterschiedlichen Meinungen und Anregungen auseinander zu setzen.

Die fragende Haltung ist ein wesentliches Hilfsmittel für den Moderator, um beispielsweise

- Zielklarheit herzustellen,
- auf Zielabweichungen aufmerksam zu machen,
- Störungen im Arbeitsprozess bewusst zu machen,
- die Gruppe zu einer Entscheidung über das weitere Vorgehen zu bringen.

Dazu helfen ihm besonders die offenen Fragen, die so genannten »**W-Fragen**«. Sie beinhalten in der Regel keine gedanklichen Vorgaben für eine Antwort (inhaltliche Unparteilichkeit!) und erlauben es den Antwortenden, möglichst viele Informationen untereinander auszutauschen. Beispielsweise:

- »Wie müsste die Zielformulierung ergänzt oder verändert werden, um in den nächsten zwei Stunden an der neuen Frage weiterarbeiten zu können?«
- »Welche Meinungen stehen noch im Raum?«
- »Was sagen die anderen zu diesem Vorschlag?«
- »Wie wollen Sie als Gruppe weiter verfahren, nachdem auf das erste Thema drei Viertel der geplanten Zeit verwandt wurde?«

❼ Der Moderator achtet darauf, dass er das Geschehen in der Gruppe mit einer gewissen Regelmäßigkeit mit eigenen Worten wiederholt und zusammenfasst.

Der Moderator teilt der Gruppe immer wieder mit, was nach seiner Wahrnehmung gerade geschieht oder in den letzten Minuten geschehen ist. Diese Rückmeldung gibt dem Arbeitsprozess Struktur, vermittelt den Teilnehmern eine bessere Übersicht über das Geschehen und erleichtert/stärkt die Orientierung der Arbeit am Ziel/auf das Ziel hin. Wenn in einer angeregten Diskussion mehrere Meinungen geäußert werden, werden diese vom Moderator wiederholt. So hilft er allen Teilnehmern dabei, sich ein gemeinsames Bild über den Stand des Arbeitsprozesses zu machen. »In den letzten fünf Minuten wurden von der Gruppe vier Gründe für die Produktionsmängel in der letzten Woche genannt. Ich habe die Meinungen mitgeschrieben und möchte diese Gründe noch einmal darstellen. Erstens ..., zweitens ... Mit welchem Punkt wollen Sie sich in den restlichen zehn Minuten vor der Pause zuerst beschäftigen?«

Der Moderator beschreibt also mit eigenen Worten und zusammenfassend das, was er wahrnimmt – beispielsweise die verschiedenen Meinungen, die vielfältigen Vorschläge zum Vorgehen oder die kontroversen Standpunkte, über die – vielleicht unstrukturiert – diskutiert wurde. Wichtig dabei ist, dass der Moderator nicht jede einzelne Teilnehmeräußerung »gleich an sich reißt« und sie wiederholt. Vielmehr wartet der Moderator ab, bis die Gruppe mehrere (also etwa drei) verschiedene Überlegungen angestellt hat. Eine gelungene moderierte Gruppenarbeit zeichnet sich gerade dadurch aus, dass die Gruppenteilnehmer miteinander diskutieren, streiten, argumentieren und sich dabei auch »in die Augen schauen«. Sie sollen gerade nicht jede Äußerung mit Blick auf den Moderator machen, der dadurch nur in die Rolle eines »heimlichen« Diskussionsleiters gedrängt würde. Der Moderator greift dann ein, wenn zu viele Meinungen unstrukturiert im Raum stehen oder wenn zu viele Vorgehensvorschläge gemacht werden, die sich keiner merken kann.

Angemessenes Wiederholen bedeutet auch, dass der Moderator versucht, nur das wiederzugeben, was er wahrnimmt. Das trennt er deutlich von seinen persönlichen Wertungen, Ideen oder Kritikpunkten, die er für sich behält. Es geht also um den – in der Praxis nicht einfach einzulösenden – Versuch, so etwas wie eine »nicht-bewertende« Rückmeldung zugeben.

»Wenn ich mir diesen Prozesskoffer für einen Moderator einmal in aller Ruhe anschaue, dann wird mir eines immer klarer: Die Moderationsmethode ist keine bloße Technik für das Sammeln von Informationen, das Kleben von Kärtchen oder das Aufnotieren von Meinungen. Diese Methode ist eine ganz bestimmte Art, wie ein Gruppenbegleiter, der hier Moderator heißt, eine Arbeitsgruppe bei der Bearbeitung eines Themas unterstützt. Aber, und das ist mir jetzt deutlich geworden, er tut dies, ohne sich inhaltlich einzumischen. Er versucht, die ganze Kompetenz, die in so einer Gruppe häufig verborgen liegt, zu aktivieren. Er leistet damit Hilfe zur Selbsthilfe. Er muss also eine Menge Vertrauen in die Leistungsfähigkeit einer Gruppe haben. Und wenn das klappt, werden all die Vorteile erreicht, von denen schon die Rede war: Die Kompetenz aller wird genutzt, es wird hierarchiefrei, zielgerichtet und weitgehend störungsfrei inhaltlich, an der Sache gearbeitet. Qualität und Akzeptanz der Ergebnisse steigen.

Dabei beschäftigt mich jetzt ein grundsätzlicher Gedanke: Wenn ich beispielsweise unsere Meister-Ingenieur-Geschichte moderieren lasse, dann lege ich doch die volle inhaltliche Verantwortung für das Ergebnis dieser Sitzung in die Hände der Gruppe. Und die machen vielleicht etwas, was ich gar nicht will? Will ich das eigentlich?«

»Sie sprechen damit eine zentrale Voraussetzung für die Durchführung einer moderierten Arbeitssitzung an. Wenn die gesamte Kreativität und Kompetenz aller Gruppenmitglieder für die Bearbeitung eines Themas aktiviert werden soll, dann sollte die Situation einigermaßen offen sein. Das heißt, dass die Gruppe wirklich die Möglichkeit haben muss, Ergebnisse eigenverantwortlich zu produzieren. Ergebnisse, an die vielleicht bisher noch keiner gedacht hat. Oder Ergebnisse, über die bisher noch keiner zu sprechen wagte. Es

Mehr dazu in Kapitel 11

macht keinen Sinn, eine Sitzung einzuberufen, bei der das Ergebnis schon feststeht oder in der der Gestaltungsspielraum für die Gruppe sehr gering ist.

Und was die Befürchtung ›die Gruppe macht vielleicht etwas, was ich gar nicht will‹ angeht, so können Sie sich natürlich für eine Gruppensitzung einen bestimmten Rahmen überlegen und vorgeben. Zum Beispiel, dass unsere Meister und Ingenieure in einem ersten Schritt die bestehenden Probleme nur identifizieren und beschreiben sollen. Wie mit diesem Ergebnis weiter verfahren wird, das entscheiden dann Sie. Aber Sie haben keinen Einfluss darauf, welche Probleme Ihnen die Arbeitsgruppe präsentieren wird. Das ist wahrscheinlich das wirklich Neue und auch Ungewohnte, das durch die Moderationsmethode in der betrieblichen Praxis Einzug hält. Mitarbeiter können die Kompetenz entwickeln, zusammen mit anderen eigenverantwortlich anspruchsvolle Aufgaben zu bearbeiten oder wichtige Probleme zu lösen.«

Elf Verhaltensregeln für einen pfiffigen Moderator:

- Der Moderator stellt seine eigenen Ziele, Wertungen und Meinungen zurück. Er bewertet weder Meinungsäußerungen noch Verhaltensweisen. Es gibt für ihn inhaltlich kein »richtig« oder »falsch«. Er konkurriert nicht mit den Teilnehmern um Sachfragen.
- Er nimmt alle Teilnehmer ernst, zeigt allen gegenüber die gleiche Wertschätzung, bevorzugt oder benachteiligt niemanden.
- Er achtet darauf, dass alle ihre Meinungen, Ideen und Ansichten vertreten können.
- Er sorgt dafür, dass auch die Ruhigen und eher Schweigsamen Gelegenheit bekommen, am Arbeitsprozess aktiv teilzunehmen.
- Er hat ständig das Ziel der Sitzung oder einzelner Phasen im Auge und signalisiert der Gruppe Abweichungen vom Weg zur Zielerreichung.

- Er ermutigt die Gruppe, Regeln für einen fruchtbaren Umgang miteinander zu vereinbaren.
- Er versucht, der Gruppe das eigene Verhalten bewusst zu machen, sodass die Mitglieder mit Störungen und Konflikten angemessen umgehen können.
- Er nimmt eine fragende Haltung ein und keine behauptende. Durch Fragen öffnet und aktiviert er die Gruppe für den Gedankenaustausch untereinander.
- Er hört überwiegend zu und spricht selbst wenig. Er versucht, den Austausch und die Diskussion zwischen den Gruppenteilnehmern zu unterstützen. Aber: Nicht er steht im Mittelpunkt, sondern die Kompetenz der Teilnehmer, das Thema und das Ziel.
- Er wiederholt für die Teilnehmer das, was gerade an Äußerungen, Themen, Meinungen in der Gruppe existiert, immer dann, wenn er dadurch den Arbeitsprozess erleichtern, transparent machen oder vorantreiben kann.
- Er visualisiert, visualisiert, visualisiert.

Und worauf sollte ein erfahrener Moderator noch achten?

- Der Moderator bereitet sich intensiv auf die moderierte Arbeitssitzung vor. (Kapitel 7)
- Der Moderator bietet für die gesamte Arbeitssitzung eine Struktur an, nach der von der Einleitung bis zum Abschluss gearbeitet werden kann. (Kapitel 8)
- Der Moderator bietet konkrete Arbeitsschritte und dazugehörige Arbeitsverfahren an, mit denen beispielsweise Informationen gesammelt, sortiert, bewertet und weiter genutzt werden können. (Kapitel 9)

»Aber die Praxis«

Versucht ein – besonders ein junger – Moderator die in diesem Buch angelegten Ideen konsequent in seiner Moderationspraxis anzuwenden, so sieht er sich häufig einem Dilemma ausgesetzt, das so manche Gewissensbisse verursachen, zumindest jedoch einiges an Kopfschmerzen bereiten kann.

Auf der einen Seite besteht die Philosophie der Moderation – treffend mit dem Schlagwort »Hilfe zur Selbsthilfe« benannt – darin, dass die Gruppe als Souverän des gesamten Arbeitsprozesses für alle Entscheidungen die Verantwortung übernimmt. Der Moderator nimmt mit seiner Methodenkompetenz dabei ausschließlich eine »dienende Haltung« ein. Er bietet beispielsweise ein Arbeitsverfahren an, begründet dieses Angebot so, dass die Gruppe mit gutem Gewissen entscheiden kann, ob sie so vorgehen will oder ob sie mit einem anderen Angebot weiterarbeiten möchte.

So weit der Idealzustand einer moderierten Gruppenarbeit, die auf dem Grundgedanken der konsequent geachteten Gruppensouveränität basiert.

Das Problem des Moderators beginnt dann, wenn Gruppen nur begrenzt fähig sind, als Souverän eines gemeinsamen Arbeitsprozesses zu fungieren. Beispielsweise ist dies der Fall, wenn, wie in unserem Beispiel, Teilnehmer zusammenkommen, die unterschiedliche oder widerstreitende Interessen vertreten, und die eine gleichberechtigte, alle beteiligende Form der Auseinandersetzung im Unternehmensalltag bisher noch nicht kennen gelernt haben. Gleiches gilt auch dann, wenn Gruppen zusammenkommen, deren Mitglieder sich nicht kennen und die dennoch in kurzer Zeit ein qualitativ möglichst hochwertiges Ergebnis erarbeiten sollen.

Was heißt das nun für einen Moderator, dessen Aufgabe und Interesse darin besteht, dass die Moderation erfolgreich im Sinne der geschilderten Philosophie verläuft? Er müsste ein Zweifaches leisten: Er müsste nicht nur im Sinne der »reinen Lehre« zu moderieren versuchen, trotz aller Schwierigkeiten, die eine Gruppe bereitet, für die die Rolle des Souveräns im besten Falle ungewohnt, im schlechtesten Falle sogar unangenehm ist. (Typische Reaktionen: »Machen Sie das mal, Sie wissen schon, was da am besten passt!« »Sorgen Sie mal dafür, dass wir mit der Zeit hinkommen und schnell fertig werden!«) Er müsste zugleich als Trainer auftreten, der diese Gruppe in Hintergründe, Philosophie, Besonderheiten und Ablauf dieser neuen Methode unterrichtet, sie darin schult, was es heißt, als Souverän zu agieren, und sie dann noch für das Mitmachen begeistert.

Das Spannende in der Praxis ist, dass gelegentlich beides zusammen mehr oder weniger gut gelingt. Viele Gruppenmitglieder lernen den Umgang, das Arbeiten mit der Moderation durch das konkrete Tun und Erleben. Sie entwickeln eine erste methodische Kompetenz, die sie dann wieder in anderen Gruppen Gewinn bringend anwenden.

Das Problematische in der Praxis ist allerdings auch, dass viele Moderatoren, besonders Neulinge, mit dieser Doppelfunktion überfordert sind. Bei »schwierigen« Gruppen (beispielsweise mit widerstreitenden Interessen) und besonderen Umständen (beispielsweise Zeitdruck, hohe qualitative Anforderung an das Ergebnis) fallen sie leicht in die Rolle der klassischen Leitung zurück und schieben die Gruppe mehr oder weniger verdeckt in eine bestimmte Richtung. Dies scheint allemal – auf das Sachergebnis bezogen – Erfolg versprechend.

Und so manchen, auch und gerade den guten Moderator plagt nach einer erfolgten Sitzung anschließend das schlechte Gewissen. Er meint, doch zu sehr inhaltlich eingegriffen, zu sehr gelenkt, zu sehr Einzelne bevorzugt zu haben – weil sie ja auch die besten Ideen klar und verständlich vorgetragen hatten, während die anderen mühsam nur schwer verständliche und wenig konstruktive »Ergüsse« eingebracht hatten.

Und so mancher Gruppenteilnehmer ist anschließend vielleicht etwas unzufrieden mit dieser Sitzung, bei der mal wieder nur die bekannten Gesichter zur Geltung kamen, bei der aber immerhin etwas herausgekommen ist, was wahrscheinlich der bunten Kartenmethode des externen »Leiters« zu verdanken ist.

Und jetzt? Uns, den Autoren dieses Buches, geht es nicht anders. Auch wir empfinden immer wieder diese Zwickmühle und erleben uns auch immer

wieder woanders auf dem Kontinuum zwischen direkter Leitung und unterstützender Begleitung. Dem Moderationsneuling raten wir daher: Nutzen Sie die Überlegungen und Hilfen dieses Buches (beispielsweise Aufbau einer moderierten Sitzung, Spielregelvorschläge) und setzen Sie sie ein, werben Sie dafür in Ihrer Gruppe. Vielleicht werden Sie am Anfang stärker in den Prozess eingreifen, als dies ein *»alter Moderationshase«* tun würde. Auf der anderen Seite versuchen Sie, so unparteiisch und neutral wie nur möglich zu sein. Prüfen Sie anschließend immer wieder, was sie noch besser machen können, um Gruppen effizient darin zu unterstützen, die Rolle des Souveräns einzunehmen. Solange Sie die Sensibilität bewahren und spüren, wo sie immer noch eine Spur zu sehr leiten und bestimmen, werden Sie Ihre persönliche Methodenkompetenz weiter verbessern.

Passagen: Vorbereitung, Ablauf und jede Menge Handwerkszeug

Kapitel 7
Die Vorbereitung einer Moderation

»Einen schönen guten Tag wünsche ich Ihnen, Frau ... Sie sind mir von meiner Mitarbeiterin als kompetente und erfahrene Moderatorin empfohlen worden. Wir beabsichtigen, in etwa drei Wochen eine Arbeitssitzung mit unseren Meistern und Ingenieuren moderieren zu lassen. Meine Mitarbeiterin hat Ihnen ja von uns erzählt und davon, dass die letzte Sitzung eher unbefriedigend verlaufen ist. Vielleicht klappt es, wenn Sie als Firmenfremde die Sitzung begleiten. Ich nehme das Thema sehr ernst und habe daher für die Veranstaltung schon einmal sechs Stunden eingeplant, von 14:00 bis 20:00 Uhr. Die Teilnehmer und Teilnehmerinnen stehen auch schon fest, es sollen insgesamt sieben Personen sein, vier Meister und drei Ingenieure. Ich selbst werde bei diesem Treffen nicht dabei sein, ich möchte da nichts beeinflussen. Sie hatten mich um dieses Gespräch heute gebeten; was brauchen Sie noch, um sich vorbereiten zu können?«

»Ja, vielen Dank dafür, dass Sie sich Zeit genommen haben. Von Ihrer Mitarbeiterin habe ich einige Informationen über die Struktur Ihrer Firma sowie über Vorgeschichte und Hintergründe dieser Sitzung erhalten. Ich möchte mich mit Ihnen vor allem über das konkrete Ziel der geplanten Arbeitssitzung unterhalten. Ich habe erfahren, dass Sie bestimmte Wünsche haben, was an

diesem Tag geschehen soll. Im Anschluss an unser Gespräch werde ich mir Gedanken über das genaue Vorgehen in der Sitzung machen. Ich werde mir also einen Ablaufplan überlegen, konkrete Verfahren für die Gruppenarbeit vorbereiten und über Regeln nachdenken. Und dann muss ich natürlich auch noch die Rahmenbedingungen klären wie Ort und Technik. Sie Ihrerseits sollten möglichst bald eine Einladung verschicken, in der das Ziel formuliert, auf die externe Moderatorin hingewiesen und die Rahmenbedingungen angegeben werden. Über den Text können wir uns ja in den nächsten Tagen telefonisch verständigen. Und dann kann es losgehen.«

»Gut, reden wir über das Ziel der geplanten Sitzung. Meiner Ansicht nach gibt es seit einiger Zeit ein paar Probleme zwischen unseren Meistern und den Ingenieuren. Und bevor sich daraus irgendetwas Größeres entwickelt, möchte ich hören, wo es knirscht. Und ich möchte wissen, wie sich die Beteiligten erste Schritte oder Maßnahmen vorstellen. Die Veranstaltung hat also zwei Ziele: Die Gruppe soll zum einen alle wichtigen offenen Fragen in der Zusammenarbeit zwischen Meistern und Ingenieuren sammeln und aufschreiben. Als Ergebnis stelle ich mir dann eine Liste mit den wichtigsten Konflikten zwischen allen Beteiligten vor. Zum anderen, damit das nicht nur eine Jammer- und Meckerveranstaltung wird, sollen in der Gruppe erste kostenneutrale Lösungsvorschläge entwickelt werden, wie wir in dieser Geschichte weiter vorgehen können.«

»Was bedeutet für Sie kostenneutral?«

»Vorschläge, die nicht abseits der Wirklichkeit und möglichst kostengünstig zu realisieren sind.«

»Diese Spezifizierung würde bedeuten, dass die Gruppe ihre Vorschläge auch schon auf die spätere Umsetzung hin durchrechnen sollte. Wie kann sie das in dieser einen Sitzung leisten?«

»Ehrlich gesagt nicht. Man müsste erst sehen, was da für Vorschläge kommen. Es macht daher wenig Sinn, Lösungsvorschläge im Voraus einzuschränken. Die Mitarbeiter können vielleicht auch gar nicht immer

beurteilen, was eine Umsetzung kosten wird. Ich halte es für besser, sie schlagen all das vor, was aus ihrer Sicht sinnvoll und notwendig ist. Und wie ich unsere Mitarbeiter kenne, wird das sowieso nichts Utopisches sein. Das sind ja alles vernünftige Leute.«

»Ich verstehe Sie so, dass Sie der Gruppe zwei Ziele vorgeben wollen. Erstens: 'Sammeln und Formulieren aller wichtigen offenen Fragen in der Zusammenarbeit zwischen Meistern und Ingenieuren'. Ergebnis ist dabei eine Liste der für die Gruppe wichtigen Fragen. Und zweitens: 'Entwicklung von ersten Maßnahmen, wie die gesammelten und formulierten offenen Fragen in der Zusammenarbeit zwischen Meistern und Ingenieuren weiterbearbeitet werden können'. Ergebnis dieses Schrittes könnten dann konkrete Vorschläge oder Maßnahmen aus der Sicht der Arbeitsgruppe sein.«

Das Ziel der moderierten Sitzung

Jede Arbeitssitzung braucht ein klar formuliertes, allen bekanntes und für alle nachvollziehbares Ziel. Fehlt ein solches Ziel, handelt es sich nicht um eine Arbeitssitzung, sondern eher um eine lockere Freizeitveranstaltung – wogegen natürlich nichts einzuwenden ist, wenn dies von der Firmenleitung so gewollt ist.

Dass im betrieblichen Alltag viele Sitzungen scheitern, unabhängig davon, ob sie geleitet oder moderiert werden, liegt häufig daran, dass

- es überhaupt kein Ziel gibt,
- das Ziel den Teilnehmern nicht bekannt ist,
- das Ziel nur ungenau oder nebulös formuliert wurde,
- das Ziel so unrealistisch formuliert ist, dass man in einer relativ kurzen Sitzung damit wenig anfangen kann: »Verbessern Sie die Kommunikationsstrukturen in unserem Konzern einschließlich der asiatischen Niederlassungen.«

In seiner Vorbereitung klärt der Moderator das Ziel für die Sitzung, die er moderieren soll. Dies geschieht in Vorgesprächen mit dem Auftraggeber oder – wenn irgend möglich – mit der Gruppe selbst.

Im Mittelpunkt stehen dabei Fragen wie:

- Was soll/will die Gruppe am Ende der Arbeitssitzung in Bezug auf das Thema der Sitzung erreicht haben?
- Wenn die Gruppe nach Beendigung der Sitzung auseinander geht, wie soll das Ergebnis aussehen, das bis dahin erreicht werden soll?
- Angenommen, die Arbeitssitzung kommt zu einem für die Gruppe und/oder den Auftraggeber erfolgreichen Abschluss, welche Art des Ergebnisses wird als Erfolg eingestuft?

Es geht dabei nicht um eine inhaltliche Vorwegnahme, sondern um die Art der Ergebnisse, die erzielt werden sollen. Sollen in der Sitzung beispielsweise

- Informationen, Ideen, Vorschläge nur **gesammelt** werden,
- sollen bestimmte Informationen, Gedanken oder Ideen schon in einer bestimmten Form **bearbeitet** werden und, wenn ja, in welcher,
- sollen **Lösungsvorschläge, Maßnahmen, Vorgehensweisen entwickelt** werden oder
- sollen in der Sitzung sogar schon konkrete **Entscheidungen gefällt** werden?

Wird das Ziel der Sitzung vom Auftraggeber der Moderation oder vom Veranstalter des Treffens vorgegeben – wie in unserem Beispiel –, bemüht sich der Moderator während der Vorgespräche um eine möglichst klare Zielformulierung. Er überlegt, wie realistisch die Zielerreichung in der für die Moderation vorgesehenen Zeit ist und diskutiert eventuelle Bedenken mit dem Auftraggeber. Zu Beginn der Sitzung sorgt er dann dafür, dass allen Teilnehmern das Ziel oder die Ziele klar und verständlich sind. Die Gruppe hat dann natürlich die Möglichkeit, Bedenken zu diskutieren oder Veränderungen vorzunehmen. Vor Beginn der Sacharbeit sollte auf jeden Fall Einverständnis über das zu erreichende Ziel herrschen.

Es gibt aber auch die Möglichkeit, dass die Gruppe das Ziel ihrer Sitzung erst zu Beginn der Veranstaltung bestimmen und formulieren will. Dann wird der Moderator diesen Arbeitsschritt begleiten. Ergebnis muss eine für alle akzeptierbare und verständlich formulierte Zielsetzung für den anschließenden Arbeitsprozess sein.

Die Teilnehmerinnen und Teilnehmer der moderierten Sitzung

Wie auch bei Präsentationen, Verkaufs- und Beratungsgesprächen besteht in der Moderation ein zentraler Vorbereitungsschritt in der **Analyse der Zielgruppe.**

Wenn der Moderator weiß, mit wem er es zu tun hat, fällt es ihm aufgrund seiner Erfahrung leichter,

- die für die Teilnehmer angemessenen Arbeitsschritte und Gruppenarbeits-/Moderationsverfahren auszuwählen,
- für den Einstieg in den Arbeitsprozess erste hilfreiche Regeln für den Umgang miteinander zu formulieren,

- eine angemessene Einführung in die gesamte Gruppensitzung zu formulieren, die offene Fragen bereits aufnimmt und möglichst beantwortet,
- die Rahmenbedingungen der Veranstaltung passend zu planen und zu organisieren.

Bei der Teilnehmeranalyse hilft die Bearbeitung der folgenden Fragen. Auch wenn der Moderator zu manchen Fragen keine ausreichenden Informationen erhält – beispielsweise über die Interessen der Teilnehmer –, führt die systematische Beschäftigung mit der Gruppe zu einem Bild, das Sicherheit bei der weiteren Vorbereitung gibt.

Fragen zur Teilnehmeranalyse

Wer sind die Teilnehmer der Sitzung?

- Wie viele Personen werden an der Sitzung teilnehmen?
- Wie heißen die einzelnen Teilnehmer?
- Welche Funktion im Unternehmen haben sie?
- Welche Stellung haben sie in der Hierarchie?
- Welche Aufgaben bearbeiten sie zur Zeit?
- Welche Entscheidungskompetenz haben sie?
- Wie sehen die Beziehungen der Teilnehmer zueinander aus?

Wie sehen die Interessen und die Einstellungen der Teilnehmer der Sitzung aus?

- Welche Interessen vertreten sie?
- Welche Einstellungen zum Thema herrschen vor?
- Welche Erwartungen haben sie?
- Welche Konflikte können auftreten?

Wie vertraut ist den Teilnehmern die Moderationsmethode?

- Wie ist ihre Einstellung zur Moderationsmethode?
- Wie viel Erfahrung aus moderierten Arbeitsgruppen bringen sie mit?

Die Vorgehensplanung für die moderierte Sitzung

In unserem Beispiel kennt die Moderatorin Teile der Vorgeschichte und einige Hintergründe der zu moderierenden Sitzung. Sie hat vom Auftraggeber eine klare Zielstellung erhalten, weiß daher, dass in der sechsstündigen Veranstaltung zwei Ziele erreicht werden sollten. Darüber hinaus hat sie sich über die Teilnehmer informiert, möglicherweise kurz mit einzelnen Ingenieuren und Meistern gesprochen. So ist ihr beispielsweise bekannt, dass fast alle bisher noch keine Erfahrungen mit moderierten Besprechungen haben und dass einige etwas verunsichert darüber sind, an einer firmeninternen Besprechung mit externer »Leitung« teilnehmen zu sollen.

Mit diesem Hintergrundwissen überlegt sich die Moderatorin als nächsten Vorbereitungsschritt einen groben Fahrplan für die sechs Stunden. Sie weiß natürlich, dass es in einer moderierten Sitzung in erster Linie von der Gruppe abhängt, wie zügig und effizient auf das Ziel hingearbeitet wird. Sie weiß aber auch, wie wichtig ein von ihr sorgfältig geplanter Einstieg in die Sitzung ist, um alle auf eine zielgerichtete und im Umgang miteinander zufrieden stellende Arbeit einzustimmen. Und aus ihrerErfahrung weiß sie auch, dass sie umso flexibler auf die Interessen der Gruppe und die Entwicklungen während des Arbeitsprozesses reagieren kann, je genauer sie für einzelne Phasen der Sitzung konkrete Arbeitsverfahren vorbereitet hat.

Folgende Fragen helfen ihr bei der Erarbeitung ihres Fahrplans:

Fragen zur Vorbereitung der Einleitung

- Wie begrüße ich die Teilnehmer?
- Wie stelle ich Anlass und Hintergrund der Sitzung dar?
- Wie erläutere ich den Teilnehmern die Besonderheiten einer moderierten Sitzung?
- Wie erkläre ich den Teilnehmern die Besonderheiten meiner Rolle als Moderatorin?
- Wie stelle ich das Ziel (oder die einzelnen Teilziele) der Sitzung dar? *oder*
- Wie unterstütze ich die Gruppe bei der Zielfindung und -formulierung?
- Wie erfasse ich die Erwartungen der Teilnehmer an die moderierte Sitzung und gleiche sie mit dem Ziel der Veranstaltung ab?
- Wie erfasse ich die Stimmungen in der Arbeitsgruppe und erreiche, dass mögliche Störungen vor dem Einstieg in die Arbeit geäußert, gegebenenfalls bearbeitet oder geparkt werden?
- Welche Spielregeln für den Umgang miteinander möchte ich anbieten und mit der Gruppe vereinbaren?
- Wie stelle ich den von mir gedachten Ablauf und den Zeitrahmen der gesamten Sitzung vor?
- Wie viel Zeit will ich mir für die hier zu beantwortenden Fragen in der Einleitung nehmen?

Fragen zur Vorbereitung des Hauptteils

- ❖ Welche Arbeitsschritte biete ich der Gruppe zur Bearbeitung des ersten Teilziels an?
- ❖ Welche Moderationsverfahren schlage ich der Gruppe für die Bearbeitung der einzelnen Arbeitsschritte vor?
- ❖ Wie lauten die konkreten Arbeitsfragen und spezifischen Ziele für die einzelnen Arbeitsschritte, die ich anbieten werde?
- ❖ Wie visualisiere ich Ziele, Spielregeln und Arbeitsfragen der verschiedenen Moderationsverfahren?
- ❖ Wie organisiere ich die Ergebnissicherung einzelner Arbeitsschritte?
- ❖ Wie viel Zeit benötigt die Gruppe erfahrungsgemäß für die einzelnen Schritte?

Fragen zur Gestaltung des Abschlusses der Sitzung

- ❖ Wie gestalte ich den Aktionsplan/Maßnahmenplan für das weitere Vorgehen im Anschluss an die Sitzung?
- ❖ Welche Methoden kann ich der Gruppe anbieten, damit vereinbarte Maßnahmen in der Praxis möglichst hohe Realisierungschancen haben und nicht schon nach wenigen Tagen als Luftblasen zerplatzen?
- ❖ Mit welchem Verfahren und welcher Fragestellung biete ich der Gruppe eine mögliche Stimmungsabfrage nach Beendigung der inhaltlichen Arbeit an?
- ❖ Wie gestalte ich den Abgleich der Erwartungen, die die Teilnehmer zu Beginn der Sitzung geäußert haben, mit den erzielten Ergebnissen?
- ❖ Welche Fragestellung biete ich der Gruppe für die Rückmelderunde zur moderierten Sitzung und zu meiner Tätigkeit als Moderatorin an?
- ❖ Wie verabschiede ich mich von der Gruppe?
- ❖ Wie viel Zeit plane ich für den gesamten Abschluss der Sitzung ein?

Das Ergebnis dieses Vorbereitungsschrittes ist ein schriftlicher Fahrplan für die Durchführung der moderierten Arbeitssitzung. Neben den einzelnen Arbeitsschritten enthält er die geplanten Zeiten, Formulierungsvorschläge für die Arbeitsfragen, Hinweise für die Anfertigung von Visualisierungen sowie persönliche Regieanweisungen.

Für die Vorbereitung der einzelnen Schritte des Hauptteils hat sich in der Praxis folgendes Arbeitsblatt bewährt:

Blatt 3

Blatt 2

Blatt 1

Vorbereitungsblatt für Moderationen

Was ist das konkrete Ziel der Moderation bzw. des spezifischen Moderationsschrittes?

Thema/Top:	Ziel:	Zeit:

Welches Verfahren erscheint mir für den … Arbeitsschritt am geeignetsten?

___

___

___

Wie lautet die Arbeitsfrage, die ich zu Beginn des … Arbeitsschrittes stellen möchte?

___

___

___

Die Planung der Rahmenbedingungen

Der Ort, der Raum

Welcher Raum für die moderierte Sitzung infrage kommt, hängt ab von den Gegebenheiten vor Ort, den Kosten und den technischen Möglichkeiten. Es macht in der Regel wenig Sinn, für wöchentlich durchgeführte ein- bis zweistündige moderierte Besprechungen in ein abgelegenes, technisch perfekt ausgestattetes Tagungshotel auszuweichen. Trifft sich dagegen eine Gruppe zu einer ein- bis zweitägigen Klausurtagung, dann bietet sich ein solcher Ort an. Dort kann dann, von der Alltagshektik ungestört, bis spät in die Nacht hinein gearbeitet werden.

Im Übrigen sollte der Raum folgende Bedingungen erfüllen:

- ausreichende Größe, als Faustregel gilt: rund fünf bis sieben Quadratmeter pro Teilnehmer;
- Möglichkeit zu ungestörtem Arbeiten, also beispielsweise keine Störungen durch Telefon (Verbannung aller Handys!), Kollegen, Kunden;
- ausreichende Visualisierungsmöglichkeiten (Flipchart, Tafel, mehrere Pinwände).

Die Arbeitsmittel

Die Moderationsmethode erfordert natürlich auch eine umfangreiche Ausrüstung, allgemein Moderationskoffer genannt, um für alle Pin- und Klebe-Eventualitäten gewappnet zu sein. Die Firmen Neuland, Kalheber, Nitor, die trainer werkstatt, Ultradex, Franke, größere Büromittelausstatter wie Printus und sogar die Oberschwäbischen Werkstätten für Behinderte in Sigmaringen bieten maßgeschneiderte Koffer, Stifte, Pin-Kärtchen in allen Farben und Formen an. Wem diese maßgefertigte Moderationskollektion zu aufwendig oder einfach zu teuer ist, der sollte sich im Groß- oder Fachhandel nach seinen eigenen Bedürfnissen ausrüsten. Manchmal tut es auch ein Fotokoffer aus dem Sonderangebot eines großen Warenhauses.

Zur persönlichen Orientierung:
Die Grundausrüstung für eine Moderation

- Verschiedenfarbige Pinwandkarten oder Karteikarten als Rechtecke, Quadrate, große oder kleine Kreise, Ovale oder Wolken in ausreichender Menge;
- Filzschreiber für Textformulierungen in unterschiedlichen Farben (mitteldick, zum Beispiel Edding Nr. 1 oder 500, Faber Castell), pro Teilnehmer mindestens ein Stift;
- dicke Filzschreiber für Überschriften in rot, blau, schwarz und grün (zum Beispiel Edding 800);
- Tesakreppband, um Plakate an den Wänden zu befestigen;
- Klebematerial als Stifte oder Roller, fest haftend oder löslich, um die Karten an den Pinwänden zu befestigen;
- alternativ einen ungiftigen und FCKW-freien Sprühkleber;
- alternativ dazu Pin-Nadeln (mehrere Schachteln);
- Klebepunkte (eine Farbe reicht aus);
- Papierschere;
- kleiner Fotoapparat;
- je nach technischer Ausstattung der Räume: Overheadfolien und Folienstifte.

Als Alternative für die hier vorgestellten klassischen Moderationsmittel bietet sich auch das Vistem-Material (siehe Literaturverzeichnis) an: kleine Haftnotizzettel in speziell angefertigten Größen und Formen, mit denen besonders in sehr kleinen Gruppen an einem Tisch gearbeitet werden kann.

Köln, am 11. November ...

Einladung zum zweiten Ingenieur-Meister-Treffen

Nachdem wir in einer ersten Sitzung am ... Vorüberlegungen über die Zusammenarbeit zwischen den verschiedenen Gruppen in unserer Firma angestellt haben, soll dieses Thema in den nächsten Wochen weiter behandelt werden.

In der nächsten Sitzung sollen zwei Ziele verfolgt werden:

- Sammeln und Formulieren aller wichtigen offenen Fragen in der Zusammenarbeit zwischen Meistern und Ingenieuren;
- Entwicklung von ersten Maßnahmen, wie die gesammelten und formulierten offenen Fragen zwischen Meistern und Ingenieuren weiterbearbeitet werden können.

Der genaue Ablauf der Sitzung wird zu Beginn von den Teilnehmern zusammen mit der Moderatorin festgelegt.

Die Veranstaltung findet statt am ... in Raum ... von Gebäude ... Beginn ist 14:00 Uhr, geplantes Ende 20:00 Uhr.

Die Veranstaltung wird moderiert von Frau ... von der train GmbH. Sie wird Sie zu Beginn der Sitzung über ihre Person und ihre Rolle als Moderatorin informieren.

Sollten Sie bis zum Beginn der Sitzung noch Fragen haben, wenden Sie sich bitte an mich. Auch wenn Sie verhindert sein sollten, informieren Sie mich bitte rechtzeitig.

Ich wünsche Ihnen und der Gruppe eine intensive und erfolgreiche Arbeitssitzung.

Das Einladungsschreiben

Die Gruppenmitglieder sollten möglichst frühzeitig über die moderierte Arbeitssitzung informiert werden. Eine vollständige Einladung enthält:

- Zeiten: Anfangszeit, Dauer,
- Ort, Raum,
- Hintergrund/Anlass,
- Ziel und Teilziele,
- Ablauf/Tagesordnung (soweit schon bekannt),
- Beteiligte,
- Durchführende, also kurze Nennung/Vorstellung von Moderatorin oder Moderator.

In unserem Beispiel könnte die Einladung wie beispielsweise auf der gegenüberliegende Seite aussehen.

Kapitel 8
Der Ablauf einer moderierten Arbeitssitzung

In der Praxis lassen sich viele Möglichkeiten beobachten, eine moderierte Sitzung zu eröffnen, durchzuführen und zu beenden. Die meisten Moderatoren entwickeln im Laufe der Zeit ihre eigene Vorgehensweise, mit der sie erfolgreich arbeiten.

Wir wollen ein sehr ausführliches Phasenmodell für den Einstieg, den Hauptteil und den Schlussteil einer moderierten Arbeitssitzung anbieten. Es soll als Vorlage für die eigene Praxis dienen und kann situations- und gruppenabhängig verändert und angepasst werden.

In der folgenden Darstellung wird in die verschiedenen Moderations-/Gruppenarbeitsverfahren, wie zum Beispiel das »Karten-Antwort-Verfahren«, jeweils nur knapp eingeführt, um den Lesefluss nicht zu beeinträchtigen. Ausführlich vorgestellt und als Checkliste für die Praxis aufbereitet, finden sich alle Verfahren in Kapitel 9.

Einleitungsteil

Übersicht über die einzelnen Schritte:

- Begrüßung, persönliche Vorstellung;
- Anlass und Hintergrund der Gruppenarbeit/Sitzung;
- Kurzdarstellung der Moderationsmethode und der Rolle des Moderators;
- Bereitschaft der Gruppe abklären, sich auf die Moderationsmethode und die Person des Moderators einzulassen;
- das zu Beginn der Sitzung vorliegende Ziel für die moderierte Sitzung vorstellen und mit der Gruppe abklären beziehungsweise das Ziel der Sitzung durch die Gruppe erarbeiten und formulieren lassen;
- Stimmungen/Einstellungen der Teilnehmer abfragen;
- Erwartungen der Teilnehmer abfragen;
- Spielregeln für den Umgang der Teilnehmer miteinander vereinbaren;
- Ablauf der Sitzung und Zeitrahmen klären.

Begrüßung und persönliche Vorstellung

Eine freundliche Begrüßung ist der erste Schritt zu einem offenen und konstruktiven Arbeitsklima. Ist der Moderator den Teilnehmern der Sitzung nicht bekannt, empfiehlt sich eine kurze persönliche Vorstellung.

Anlass und Hintergrund der Sitzung

Es kommt immer wieder vor, dass Teilnehmer Anlass und Hintergrund der Veranstaltung nicht kennen. Bevor sie sich aktiv auf einen Arbeitsprozess einlassen können, wollen sie wissen, warum die Sitzung einberufen wurde, was vorher geschehen ist und was in dieser Veranstaltung alles erreicht werden soll. Dieser Informationsteil kann vom Moderator, geladenen Experten oder Gruppenmitgliedern selbst übernommen werden.

Methode und Moderator

Viele kennen die klassische Besprechungsleitung. Wenig vertraut sind sie jedoch mit einem Vorgehen, in dem der Moderator sich inhaltlich unparteiisch und personenbezogen neutral verhält und dafür die Gruppe methodisch unterstützt. Fremd ist ihnen auch ein Vorgehen, bei dem sie die Verantwortung für die Inhalte selbst tragen und sich dabei nicht hinter einem Leiter »verstecken« können.

Für Gruppen ohne Moderationserfahrung ist es daher notwendig, sowohl die Methode als auch die Rollenaufteilung zwischen Moderator und Gruppe zu erläutern. Damit können Irritationen während des Arbeitsprozesses vermieden werden.

In *unserem Beispiel* hat die Moderatorin für die Teilnehmer zwei Visualisierungen vorbereitet: ein Textblatt und eine kleine Grafik.

Textblatt und Diagramm beinhalten folgende Punkte:

Als **Arbeitsgruppe** sind Sie
- verantwortlich für Art und Qualität des inhaltlichen Ergebnisses,
- mitverantwortlich für die Zielverfolgung, die Einhaltung der vereinbarten Regeln und des vereinbarten Zeitplans.

Als **Moderatorin**
- bin ich inhaltlich unparteiisch und personenbezogen neutral,
- bin ich verantwortlich für das Angebot an Arbeitsverfahren und deren regelgerechte Durchführung,
- mache ich Ihnen Vorschläge für Regeln, die den Umgang untereinander während der Arbeitssitzung unterstützen, und helfe Ihnen dabei, derartige Regeln bei Bedarf selbst zu formulieren und zu vereinbaren,
- schlage ich Ihnen einen Zeitplan für Ihre Sitzung vor,
- unterstütze ich Sie bei der Zielverfolgung und weise Sie bei Abweichungen auf dem Weg zum Ziel darauf hin,
- teile ich Ihnen die Situationen mit, bei denen ich den Eindruck habe, dass Störungen die Zielerreichung gefährden. So können Sie entscheiden, wie Sie weiter fortfahren wollen. Dazu kann ich Ihnen dann auch Vorschläge machen.

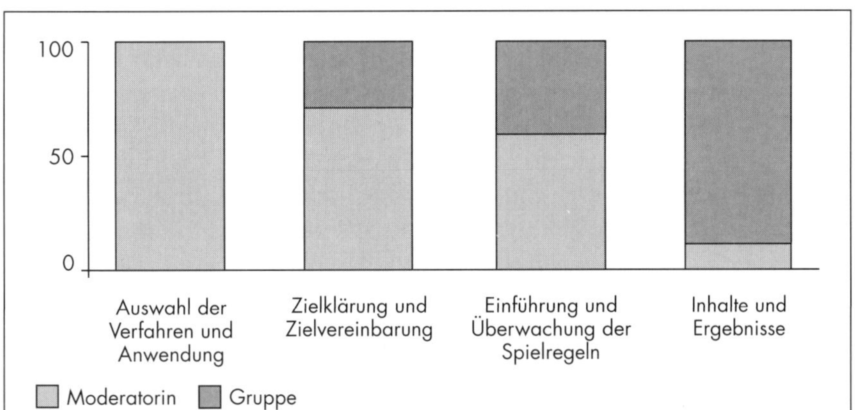

Gruppen, deren Mitglieder noch nie mit der Moderation in Berührung gekommen sind, entfachen an dieser Stelle in der Praxis immer wieder Diskussionen über Sinn, Effizienz und Praxisangemessenheit eines solchen Vorgehens beziehungsweise dieser Rollenverteilung. Erfahrene Moderatoren nehmen sich hier Zeit und begründen Hintergründe und Chancen der Methode. Bei Unklarheiten bieten sie weitere Informationen an, beantworten offene Fragen und gehen auf mögliche Einwände und Befürchtungen ein. Gleichzeitig werben sie in der Gruppe dafür, sich auf diese Praxiserfahrung einfach einmal einzulassen. Sollten die Widerstände gegen eine Moderation zu groß sein, kann sie nicht stattfinden. Der Moderator wird dann sein Angebot, die Gruppe zu begleiten, zurücknehmen.

Eine Moderation kann auch dann nicht gelingen, wenn – aus welchen Gründen auch immer – der Moderator keine Akzeptanz bei den Teilnehmern findet. Daher klären Moderatoren – unabhängig von ihren Vorgesprächen während der Vorbereitung – zu Beginn der ersten Sitzung kurz mit der Gruppe ab, ob und welche möglichen Bedenken es gegen die Person des Moderators in der Gruppe gibt. Auch hier geben sie auf Nachfrage zusätzliche Informationen und beantworten anstehende Fragen.

Zielvorstellung und Zielvereinbarung

Auch wenn den Teilnehmern das Ziel der Sitzung aus der Einladung bekannt sein sollte oder wenn es bei der Diskussion von Hintergrund und Anlass der Veranstaltung schon kurz thematisiert wurde, so ist es vor Beginn der eigentlichen inhaltlichen Arbeit unverzichtbar, über das genaue Ziel der Veranstaltung in der Gruppe Einverständnis herzustellen. Dies geschieht möglichst schriftlich auf dem Flipchart oder einer Tafel. Der Moderator klärt dann mit den Teilnehmern, ob diese Zielstellung von allen verstanden wird und wo mögliche Bedenken liegen.

Für den Fall, dass ein vorgegebenes Ziel in der Gruppe nicht akzeptiert wird, muss eine Um- oder Neuformulierung vereinbart werden. Dabei wird auch zur Sprache kommen, unter welchen Bedingungen eine solche Zielveränderung überhaupt »in der Macht« der Gruppe liegt. Hat die Gruppe gegen das Ziel Bedenken, will es jedoch nicht verändern, sollte sie Klarheit darüber herstellen, wie mit dem vorgegebenen Ziel gearbeitet werden kann.

Dieses Vorgehen mag auf den ersten Blick umständlich und sogar kleinlich erscheinen. Wir werben jedoch eindringlich dafür, die Zielbestimmung und -vereinbarung so sorgfältig wie möglich zu gestalten. Denn aus Erfahrung wissen wir, wie chaotisch und ergebnislos Sitzungen verlaufen können, in denen entweder das Ziel für alle Gruppenmitglieder nicht gleichermaßen verständlich war oder von einigen Teilnehmern nicht akzeptiert wurde.

Die endgültige Zielformulierung bleibt während des gesamten Arbeitsprozesses für alle sichtbar visualisiert. Dies erleichtert der Gruppe und dem Moderator die Arbeit erheblich.

Das Ziel erarbeitet die Gruppe

In den Fällen, in denen das Ziel einer Arbeitssitzung von der Gruppe formuliert werden muss, wird der Moderator diesen Prozess unterstützen. Beispielsweise sammelt er Formulierungsvorschläge, die in der Gruppe diskutiert werden und die er auf dem Flipchart mitschreibt. Die Gruppe verständigt sich auf eine abschließende Formulierung.

Das erarbeitete Ziel sollte drei Mindestforderungen genügen:

- Es sollte von allen Gruppenteilnehmern gleichermaßen verstanden werden. Es muss also eindeutig formuliert und für alle sichtbar visualisiert werden.
- Es sollte von allen Teilnehmern der Sitzung akzeptiert, zumindest jedoch nicht konterkariert werden. Es erschwert die Arbeit, wenn Personen in einer Gruppe mitarbeiten sollen, die an einer bestimmten Zielerreichung überhaupt nicht interessiert sind.
- Es sollte in der zur Verfügung stehenden Zeit zu bearbeiten sein. Ziele wie »Die grundlegende Neuausrichtung unseres Unternehmens« lassen sich in einer halbstündigen Sitzung nun einmal nicht erreichen.

Stimmungen/Einstellungen der Teilnehmer

In unserem Beispiel weiß die Moderatorin von ihrem Auftraggeber, dass die erste Sitzung mit den Meistern und Ingenieuren relativ problematisch verlief. Sie vermutet, dass die Teilnehmer der heutigen Sitzung eher mit gemischten Gefühlen an die Arbeit gehen und vielleicht sogar mit Vorurteilen dem Treffen gegenüberstehen. Deshalb hat sie sich entschlossen, die Stimmungslage der Gruppe für alle transparent zu machen. Die Gruppe soll einen Eindruck von der »Gefühlslandschaft« bekommen, in der sie die Arbeit beginnt. Dadurch lassen sich möglicherweise größere Störungen im Vorfeld bearbeiten sowie die Bereitschaft zur Mitarbeit verstärken.

Als Methode wählt sie das »Ein-Punkt-Verfahren«. Die Teilnehmer haben die Möglichkeit, auf ein zweidimensionales Feld einen Punkt zu kleben und damit Stellung zu zwei von der Moderatorin angebotenen Fragen zu beziehen.

Die Teilnehmer kleben ihre Punkte auf das vorbereitete Plakat. Das Ergebnis sieht folgendermaßen aus:

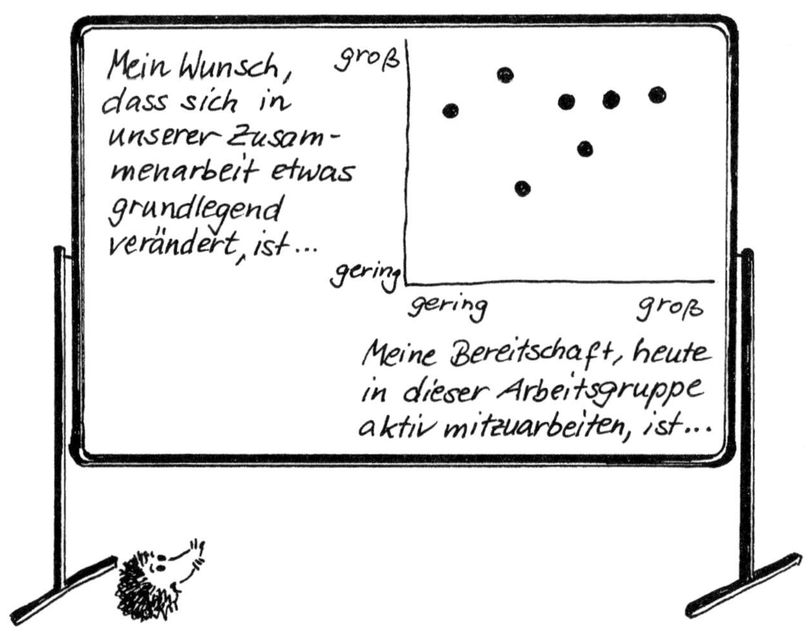

Die Moderatorin bittet die Teilnehmer zu kurzen Stellungnahmen zum Gesamtbild. In der Sammlung wird deutlich, dass es zum einen einen relativ eindeutigen »Leidensdruck« in Richtung Veränderungen gibt. Zum anderen wird die Bereitschaft zur Mitarbeit differenziert gesehen. Einige meinen, dass Veränderungen in dieser Firma sowieso nicht stattfinden würden, wieso sollte man sich also besonders engagieren. Andere dagegen sehen nach den Vorgesprächen mit dem Vorgesetzten und in der Einberufung dieses in ihren Augen aufwendig gestalteten Treffens ein positives Signal für Veränderungen und wollen die Chance auch nutzen. Nach diesem Meinungsaustausch fragt die Moderatorin danach, was es im Hinblick auf die von ihr mitgeschriebenen Bilderläuterungen noch zu besprechen oder zu regeln gibt. Die Gruppe sieht im Moment keinen akuten Handlungsbedarf und beschließt, mit dem nächsten Schritt weiterzumachen.

In vielen moderierten Sitzungen im betrieblichen Alltag unterbleibt eine Stimmungs- oder Einstellungsabfrage. Oft scheint die Zeit dazu nicht auszureichen. Oder der Moderator erlebt die Atmosphäre als relativ unproblematisch und drängt darauf – oder er fühlt sich durch die Gruppe gedrängt –, zügig in die inhaltliche Arbeit einzusteigen. Damit nimmt er der Gruppe die Möglichkeit, Gefühle und Einstellungen ihrer Mitglieder zumindest teilweise transparent zu machen. Denn in der Regel sind es diese Gefühle und Einstellungen, die die Behandlung der Inhalte massiv beeinflussen. Und diese inhaltliche Behandlung erfolgt in vielen Gruppen störungsfreier, wenn Klarheit darüber besteht, wie es den Einzelnen mit dem Thema, der Gruppe oder der Sitzung geht.

Als Alternative zur Ein-Punkt-Abfrage bietet sich für eine Stimmungsabfrage auch das Blitzlicht an (siehe Kapitel 9).

Erwartungen der Teilnehmer

Die Teilnehmer einer Sitzung haben Erwartungen an das, was dort geschehen soll. Zwar hört man gelegentlich auch die Aussage: »Ich habe keine Erwartungen, ich warte einmal ab, was kommt«, aber auch das ist häufig nur eine Umschreibung der Erwartung, »in den nächsten Minuten von den anderen oder der Leitung Interessantes geboten zu bekommen«.

Transparente Erwartungen helfen den **Gruppenmitgliedern,**

- zu verstehen, wofür sich die Einzelnen engagieren; dadurch kann ein offener Meinungsaustausch gefördert werden;
- zu erkennen, wo es Überschneidungen mit den eigenen Erwartungen gibt: »Ich bin in diesem Punkt nicht allein, es gibt andere, denen geht es genauso«;
- zu erkennen, wo es Minderheitenerwartungen gibt, mit denen sich die Gruppe beschäftigen sollte.

Für den **Moderator** ist die Kenntnis der Erwartungen deshalb wichtig, weil er

- die Verfahren, die er anbieten will, auf diese Erwartungen ausrichten kann und
- auf eine mögliche Diskrepanz zwischen den Erwartungen der Teilnehmer und deren Realisierung in der Sitzung (beispielsweise wegen Zeitknappheit) aufmerksam machen kann.

Werden die Erwartungen zu Beginn der Sitzung geäußert, sollte der Moderator am Ende im Rahmen eines Erwartungsabgleiches darauf zurückkommen, um der Gruppe einen Eindruck über das Erreichte zu vermitteln.

Die Erwartungsabfrage kann mit verschiedenen Verfahren durchgeführt werden, beispielsweise mit dem Karten-Antwort-Verfahren oder dem Zuruf-Anwort-Verfahren.

Regeln

Regeln, die den Umgang der Gruppenmitglieder untereinander unterstützen, können zu Beginn einer Sitzung oder im Laufe der Arbeit formuliert und vereinbart werden.

In unserem Beispiel beschließt die Moderatorin, zu Beginn der Sitzung noch keine Regeln vorzugeben. Sie hat zwar eine Liste mit Vorschlägen vorbereitet, will aber erst im Arbeitsprozess entscheiden, ob sie die Gruppe darauf ansprechen wird. Der Grund dafür: Sie hat in ihrer Praxis gute

Erfahrungen mit Regeln gemacht, die, ausgelöst durch konkrete Probleme während des Arbeitens (Vielredner lassen andere nicht zu Wort kommen, gegenseitig werden Meinungen nicht beachtet, immer wieder weichen Teilnehmer vom roten Faden ab), von der Gruppe selbst formuliert und vereinbart wurden.

Ablauf/Zeitrahmen

Der Moderator stellt der Gruppe seinen Vorschlag für den Ablauf vor, erläutert und begründet die einzelnen Teilschritte und den geschätzten Zeitaufwand für die Bearbeitung. Anschließend holt er das Einverständnis der Gruppe für dieses Vorgehen ein. Gibt es Bedenken gegen einzelne Schritte oder Verfahren, bietet der Moderator alternative Vorgehensweisen an. Je erfahrener ein Moderator ist, desto mehr methodische Vorgehensweisen und Arbeitsverfahren kann er aus seinem Werkzeugkoffer anbieten.

In unserem Beispiel dauern die verschiedenen Einführungsschritte insgesamt etwa 45 Minuten.

Hauptteil

Im Hauptteil einer moderierten Gruppenarbeit erfolgt die eigentliche inhaltliche Bearbeitung des jeweiligen Themas. Die besondere Herausforderung für einen Moderator besteht zum einen darin, Arbeitsschritte und Arbeitsverfahren anzubieten, die einen lebendigen und auf das Ziel hin ausgerichteten Arbeitsverlauf ermöglichen. Zum anderen muss er in der Lage sein, konkrete Formulierungsvorschläge für Arbeitsfragen zu machen, die »auf den Punkt genau« die Handlungen anstoßen, die wirklich notwendig sind, um das anvisierte Ziel oder Teilziel zu erreichen.

In der Praxis kommt es vor, dass mit Hilfe einzelner Moderationsverfahren eine Menge an Informationen erzeugt werden, mit denen in kurzer Zeit nicht mehr sinnvoll gearbeitet werden kann. Beispiel: Zehn Teilnehmer schreiben jeweils zehn Karten zu drei Fragen, macht 300 Karten.

Häufig stehen Informationen auch nur in lockerem Zusammenhang zum eingangs vereinbarten Ziel, zum Beispiel wenn die Arbeitsfrage für das Kartenschreiben zu unspezifisch formuliert wurde: »Was fällt uns alles zum Thema 'Meister und Ingenieure' ein?« Der Moderator muss sich also in seiner Vorbereitung genau überlegen, welche Schritte, welche Verfahren und vor allem welche Fragen in der zur Verfügung stehenden Zeit am besten zum Ziel führen. Weniger Komplexität ist oft sinnvoller als große »Kartenschlachten«.

Wir wollen eine Möglichkeit, den Hauptteil einer moderierten Sitzung zu gestalten, *an unserem Beispiel* illustrieren. Die ausführliche Beschreibung von Zweck, Vorgehensweise und Besonderheiten der einzelnen hier erwähnten Arbeitsverfahren findet sich in Kapitel 9.

Die in unserem Beispiel gewählte Möglichkeit, den Hauptteil einer moderierten Sitzung zu strukturieren:

- Sammeln von Themen und Informationen (hier: Fragen oder Probleme);
- Sortieren der gesammelten Informationen/Bildung von inhaltlich zusammenhängenden Gruppen/Clustern;
- Kleingruppenarbeit: Verdichten der in den Clustern enthaltenen Informationen;
- Bilden einer Rangreihe aller verdichteten Formulierungen;
- Plenumsdiskussion: strukturierte Ideensammlung zu ersten Umsetzungsschritten in der Praxis.

Für das erste Ziel – »Sammeln und Formulieren aller zur Zeit offenen Fragen in der Zusammenarbeit zwischen Meistern und Ingenieuren« – schlägt die Moderatorin zuerst das Karten-Antwort-Verfahren vor. Damit sollen Themen, Fragen oder Probleme gesammelt und anschließend zu inhaltsverwandten Gruppen/Clustern zusammengefasst werden.

Die Moderatorin erläutert der Gruppe Ziel, Ablauf, Zeitansatz und Regeln dieses Verfahrens. Sie klärt offene Fragen zur Durchführung und schlägt als Arbeitsfrage vor: »Welche zurzeit offenen Fragen und Themen, die die Zusammenarbeit zwischen Meistern und Ingenieuren behindern, müssen aus meiner Sicht in unserer Firma bearbeitet werden?«

Die Sitzungsteilnehmer erhalten Karten, auf denen sie ihre Antworten schreiben können. Die Moderatorin weist besonders darauf hin, dass die Antworten so verständlich wie möglich formuliert werden, damit jede Karte ohne Erläuterungen des Kartenschreibers von allen in der Gruppe verstanden und weiterverarbeitet werden kann. Sie weiß aus Erfahrung, dass die meisten Teilnehmer mit dieser Regel die größten Probleme haben. Häufig werden Karten geschrieben, deren genaue Bedeutung erst mühsam in der Gruppe diskutiert oder vom Schreiber mündlich erläutert werden muss.

Nach etwa zehn Minuten sammelt die Moderatorin alle geschriebenen Karten ein. Sie werden zu Clustern (gelegentlich auch »Gruppen«, »Klaster« oder »Klumpen« genannt) zusammengefasst. Die Moderatorin liest dafür die einzelnen Antworten vor und die Teilnehmer entscheiden gemeinsam, welche Karten zu Gruppen zusammengehören. Jede neu vorgelesene Karte wird so einer der gebildeten Gruppen an der Pinwand zugeordnet oder bildet die erste Karte einer neuen Gruppe. Auf diese Weise entstehen recht schnell verschiedene Themenbereiche.

Die Entscheidung über die Zuordnung der einzelnen Karten fällt die Gruppe. Die Moderatorin hält sich aus der inhaltlichen Diskussion vollständig heraus. Sie gibt keine Entscheidungshilfen für das Zuordnen, äußert keine Interpretationen, wie sie persönlich den Inhalte einer Karte versteht. Sie wiederholt die unterschiedlichen Meinungen in der Gruppe, fasst Entscheidungen zusammen und stellt immer wieder Fragen, die zur Klärung offener Punkte beitragen.

Für die Bildung der Cluster bekommt die Gruppe 30 Minuten Zeit. Bei komplexeren Fragestellungen und einem breiten Meinungsspektrum kann dieser Prozess auch deutlich länger dauern (bis zu 90 Minuten oder länger).

Während der Zuordnung der Karten kommt es in der Gruppe immer wieder zu Diskussionen. Verschiedene Personen haben unterschiedliche Zuordnungsprinzipien, einzelne Teilnehmerfraktionen konkurrieren mit anderen. In dieser Phase achtet die Moderatorin besonders darauf, dass sie ihre inhaltliche Unparteilichkeit und personenbezogene Neutralität strikt einhält und sich nicht »vor die Karren« einzelner Meinungsmacher, Vorgesetzter, Mehrheiten oder auch Minderheiten »spannen« lässt.

Im Verlauf der Diskussion treten auch Fragen auf, die im aktuellen Arbeitsschritt keinen Platz haben. Beispielsweise die Frage danach, wie eine befreundete Zulieferfirma die Kommunikation zwischen Meistern und Ingenieuren geregelt hat. Eines der Gruppenmitglieder hatte gehört, dass

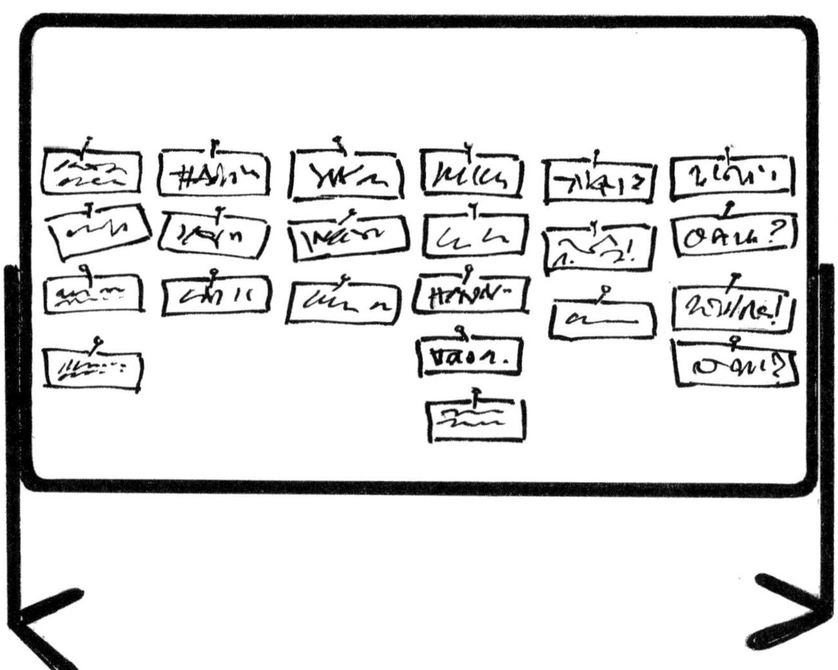

»die ähnliche Probleme hatten und sie super gelöst haben ...« Da diese Frage im Augenblick nicht beantwortet werden soll, schlägt die Moderatorin vor, sie in einem Fragenspeicher zu parken. Dazu wird die Frage aufgeschrieben und sichtbar an die Wand gehängt. Am Ende der Moderation soll darauf eingegangen werden.

Nachdem alle Karten einer Themen-Gruppe zugeordnet und auf diese Weise sechs Gruppen entstanden sind, schlägt die Moderatorin den nächsten Arbeitsschritt vor. Zu jeder Gruppe soll mindestens eine konkrete Fragestellung formuliert werden, die jeweils den Inhalt möglichst vieler Karten der Gruppe aufnimmt.

Da die Moderatorin aus Erfahrung weiß, dass diese Arbeit im Plenum selbst mit sieben Teilnehmern sehr zeitaufwendig ist, schlägt sie die Bildung von zwei Kleingruppen vor, gemischt aus Meistern und Ingenieuren. Jede Gruppe bekommt drei Kartengruppen und erarbeitet Formulierungsvorschläge, die sie dann im Plenum vorstellt und zusammen mit den anderen diskutiert. Ziel und Ablauf der Kleingruppenarbeit werden von der Moderatorin sorgfältig erklärt. Sie schlägt als Arbeitsauftrag vor: »Formulieren Sie für jede Kartengruppe mindestens eine Fragestellung, die den Sinngehalt möglichst aller/vieler Karten wiedergibt.«

Zur Unterstützung der Kleingruppenarbeit hat die Moderatorin ein Angebot an Hilfsregeln visualisiert:

- Nicht auf einen – zeitraubenden – hundertprozentigen Konsens hinarbeiten, sondern die Meinungsvielfalt in der Gruppe dokumentieren;
- momentan nicht lösbare Meinungsunterschiede als solche kennzeichnen;
- Rollenverteilungen in der Gruppe klären: Wer koordiniert den Arbeitsprozess, wer schreibt mit, wer präsentiert später das Ergebnis?

Auch für die Kleingruppenarbeit bekommen die Gruppen 30 Minuten Zeit.

Vertreter aus den Kleingruppen stellen im Anschluss an die Sitzung die Formulierungen der Fragen vor und berichten über offene Diskussionspunkte. Die Gesamtgruppe diskutiert die Frageformulierungen, ergänzt sie und »verabschiedet« dabei jeweils eine von allen getragene Formulierung. Auf diese Weise entstehen elf Fragestellungen und Problembereiche, die die Zusammenarbeit zwischen Meistern und Ingenieuren widerspiegeln.

Mit den bis hier formulierten Fragestellungen haben die Teilnehmer das erste Ziel ihres Arbeitstreffens erreicht, das »Sammeln und Formulieren aller zur Zeit offenen Fragen in der Zusammenarbeit zwischen Meistern und Ingenieuren«.

Für die kurzen Präsentationen und die anschließende Diskussion hat die Moderatorin eine Stunde vorgesehen.

Aus der Gruppe kommt anschließend der Wunsch, die einzelnen Fragestellungen nicht nur einfach untereinander zu schreiben, sondern sie nach Wichtigkeit zu ordnen. »Wir sind ja hier quasi als Experten tätig. Unser Arbeitgeber kann dann aus der Reihenfolge ablesen, was wir als wichtigste Punkte zuerst angehen würden«, so einer der Meister. Die Moderatorin bietet der Gruppe für diesen Schritt ein besonderes Arbeitsverfahren an, das Gewichtungsverfahren. Gleichzeitig macht sie darauf aufmerksam, dass dessen Durchführung rund 20 Minuten dauern würde. Die Gruppe beschließt, diese »Zeitinvestition« zu tätigen.

Die Moderatorin erläutert die Vorgehensweise und das Ziel des Gewichtungsverfahrens. Mit der Gruppe klärt sie, nach welchem Kriterium die Rangreihe erstellt werden soll. Die Gruppe beschließt, dass danach gewichtet werden soll, welche Fragen sie als besonders dringend erachtet und daher vom Vorgesetzten vorrangig weiterverfolgt werden sollten.

Die Moderatorin stellt die bisher erstellte Liste mit den verschiedenen Fragestellungen noch einmal vor. Für die Bewertung durch die Gruppenmitglieder hat sie die Bewertungsfrage visualisiert. Diese muss verständlich und eindeutig formuliert sein, damit allen das Kriterium, nach dem bewertet werden soll, gleichermaßen klar ist. Die aktuelle Bewertungsfrage lautet: »Welche der erarbeiteten Fragestellungen behindern aus meiner Sicht die Zusammenarbeit zwischen Meistern und Ingenieuren zurzeit am meisten und sollten daher von unseren Vorgesetzten vorrangig angegangen werden?«

Jeder Teilnehmer erhält sechs Klebepunkte und klebt diese in eine Spalte neben die seines Erachtens wichtigen Formulierungen. Die Moderatorin schlägt vor, dass höchstens drei Punkte auf eine Wahlmöglichkeit gehäufelt werden können. Auf diese Weise können die Teilnehmer Fragestellungen hervorheben, die für sie besonders wichtig sind. Nach dem Kleben zählen die Teilnehmer die Punkte aus und bilden so eine Rangfolge.

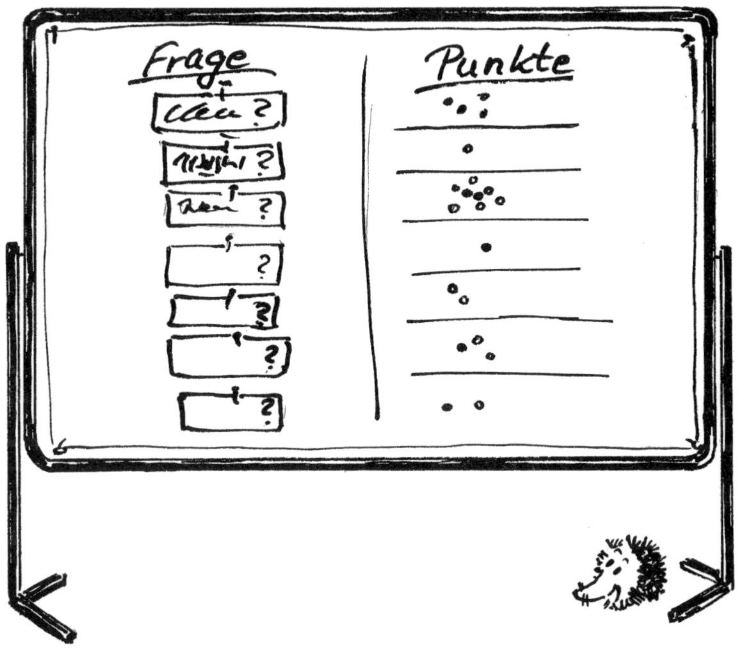

Insgesamt hat die Gruppe im Einleitungsteil bisher rund dreieinhalb Stunden gearbeitet. Sie beschließt eine zwanzigminütige Pause.

Das nächste Ziel der Sitzung besteht in der »Entwicklung von ersten Umsetzungsideen darüber, wie die gesammelten und formulierten offenen Fragen in der Zusammenarbeit zwischen Meistern und Ingenieuren weiterbearbeitet werden können«.

Für die Entwicklung eines ersten Katalogs lassen sich verschiedene Vorgehensweisen denken. Während ihrer Vorbereitung hatte die Moderatorin auch für diesen Schritt zunächst an eine Gruppenarbeit gedacht.

Erste Alternative

Zwei Kleingruppen, diesmal eine reine Ingenieur- und eine reine Meistergruppe, erhalten vier Arbeitsfragen, die sie für ausgewählte Fragestellungen – beispielsweise die zwei bis drei am höchsten gewichteten – beantworten sollen:

1. Welches Vorgehen ist für die weitere Bearbeitung der jeweiligen Fragestellung denkbar?
1. Was können wir als Meister (beziehungsweise als Ingenieure) bei der weiteren Bearbeitung der Fragestellung leisten?
3. Was sollten die anderen, die Ingenieure (beziehungsweise die Meister) bei der weiteren Bearbeitung der Fragestellung tun?
4. Wo sehen wir die Aufgaben unseres Vorgesetzten bei der Bearbeitung der Fragestellung?

Die Ergebnisse ergeben – im Plenum zusammengeführt – einen sehr differenzierten Vorgehensvorschlag für jede einzelne Fragestellung.

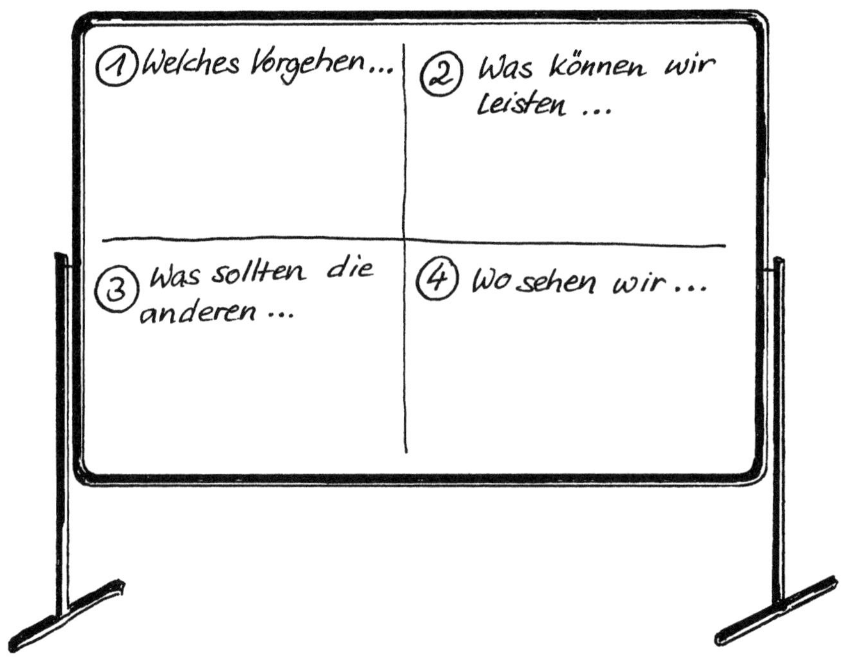

Zweite Alternative

Da eine solche Kleingruppenarbeit mit anschließendem Abstimmungsprozess sehr zeitaufwendig ist, schlägt die Moderatorin eine strukturierte Ideensammlung zu sämtlichen Fragebereichen im Plenum vor. Zu jedem der Fragebereiche, angefangen mit dem am höchsten gewichteten, sollen in einer moderierten Diskussion erste vorläufige Ideen gesammelt werden. Die Fragen dazu:

❶ Wie könnten erste Schritte bei der Bearbeitung der jeweiligen Fragestellung aussehen?
❷ Welche Ziele sollten diese ersten Bearbeitungsschritte verfolgen?
❸ Wer sollte an der weiteren Bearbeitung der jeweiligen Fragestellung aus Sicht der Arbeitsgruppe unbedingt beteiligt sein?
❹ Welcher Zeitrahmen sollte für die hier angedachten ersten Schritte vorgesehen werden?

Die Moderatorin schreibt die Ergebnisse der kurzen Diskussionen mit. In dieser Diskussion muss es nicht um einen Konsens in allen Fragen gehen. Ziel ist eine von der Gruppe erstellte strukturierte Ideensammlung. Diese Ideensammlung soll dem Vorgesetzen als Hilfsmittel dienen, wie mit den verschiedenen Problembereichen weiter verfahren werden kann.

Für die Behandlung eines jeden Fragebereichs hat die Moderatorin circa zehn bis 15 Minuten vorgesehen. Sie schlägt vor, 90 Minuten für die Bearbeitung der fünf wichtigsten Fragebereiche zu investieren. Nach einer anschließenden kurzen Pause stehen dann noch etwa 30 Minuten für die Abschlussphase der Moderation zur Verfügung.

Abschlussteil

Übersicht über die einzelnen Schritte:

- Abarbeiten des angelegten Fragenspeichers;
- Aktionsplan/Maßnahmenplan;
- Abgleich der Erwartungen/Stimmungsabfrage;
- Rückmeldungen zur erlebten Moderation;
- Beenden der Moderation/Verabschieden der Gruppe.

Fragenspeicher

Für den Fall, dass während der Moderation ein Fragenspeicher angelegt wurde, in dem auf Kärtchen alle Fragen geschrieben und sichtbar angebracht wurden, die im laufenden Prozess keinen Platz gefunden hatten, werden diese Fragen jetzt nacheinander durchgearbeitet. Einige dürften sich erledigt haben, andere können schnell beantwortet und wieder andere müssen weiterhin geparkt werden. Die Gruppenmitglieder, besonders natürlich die Fragensteller, entscheiden, wie mit diesen Fragen weiter verfahren werden soll.

In unserem Beispiel wurde folgende Frage geparkt: »Wie ist unsere befreundete Zulieferfirma mit einem ähnlichen Problem umgegangen?« Zwei Teilnehmer erklärten sich dazu bereit, erste Informationen über das Vorgehen bei der Zulieferfirma einzuholen. Das Ergebnis soll – auf einer Seite zusammengefasst – sowohl den Teilnehmern der Sitzung als auch dem Vorgesetzten zugeschickt werden.

Aktionsplan/Maßnahmenplan

In der Praxis sind viele Besprechungen plötzlich zu Ende und keiner der Beteiligten weiß so recht, wie es weitergeht. Der eine oder andere möchte es vielleicht auch gar nicht wissen: »Nur schnell weg hier, bevor ich noch etwas machen muss.«

Daher gilt: Jede Sitzung, jede Besprechung, jede Gruppenarbeit muss zu einem Aktionsplan kommen. Dabei werden folgende Fragen beantwortet:

- Welche konkreten Schritte werden im Anschluss an die Sitzung angegangen?
- Wer macht was, bis wann, mit welcher/wessen Unterstützung?

Bei Maßnahmen, die sich über einen längeren Zeitraum erstrecken, hat es sich als hilfreich erwiesen, einen »Paten« zu benennen, der die einzelnen Verantwortlichen immer wieder einmal an das Umsetzen der vereinbarten Vorhaben erinnert und über Zwischenziele und Termine spricht.

Der Aktionsplan sollte immer schriftlich festgelegt sein und als erste Seite des Protokolls an jeden Teilnehmer verteilt werden.

In unserem Beispiel hat die Moderatorin die Vorlage für den Maßnahmenplan schon auf einem Plakat vorbereitet. Nach fünfzehnminütiger Diskussion sieht der Aktionsplan folgendermaßen aus:

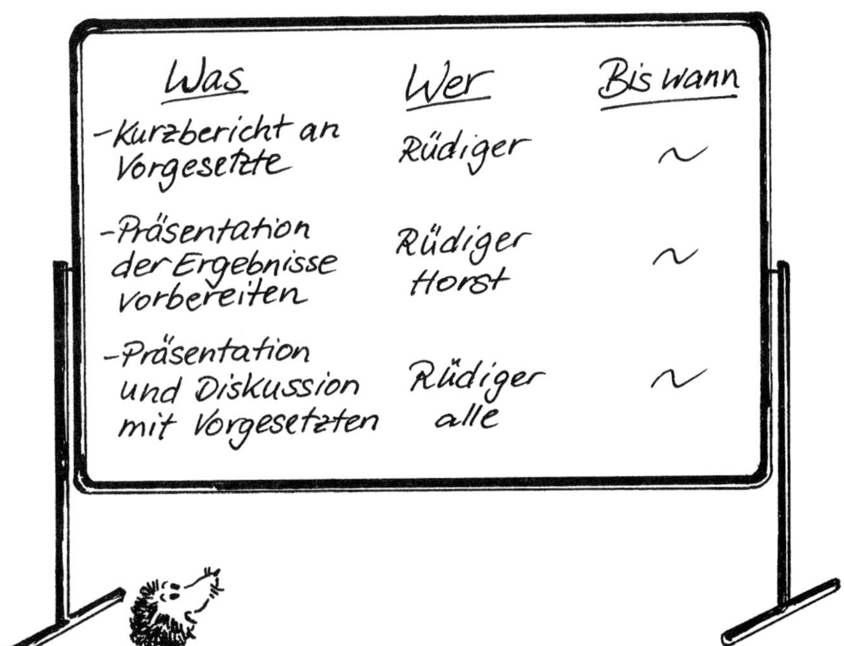

Abgleich der Erwartungen/Stimmungsabfrage

Wenn, wie in unserem Beispiel, zu Beginn einer Arbeitssitzung die Erwartungen der Teilnehmer abgefragt wurden, dann sollte zum Schluss der Veranstaltung noch einmal Bezug darauf genommen werden. Die Arbeitsfragen dazu können lauten:

- Welche Erwartungen wurden erfüllt?
- Welche Erwartungen wurden nicht erfüllt?
- Was gibt es aus Sicht der Gruppe noch zu tun?

Gemeinsam kann die Gruppe jetzt überlegen, welche Erwartungen bis zu welchem Grad erfüllt wurden und wie mit den nicht erfüllten Erwartungen umgegangen werden soll: »Was ist noch offen, und wie wollen wir weiter mit den einzelnen Erwartungen umgehen?«

Jedes Gruppenmitglied kann für sich prüfen, inwieweit seine Erwartungen erfüllt wurden und was es dazu während der Sitzung getan oder unterlassen hat. Und es kann ebenfalls prüfen, was es konkret jetzt oder im Anschluss an die Sitzung tun muss, um noch »auf seine Kosten« zu kommen, und was es vielleicht in zukünftigen Sitzungen anders machen wird, damit die eigenen Erwartungen in der Gruppe besser berücksichtigt werden.

Dem Moderator schließlich hilft dieser Abgleich zu klären, wo seine methodische Begleitung zum Erfüllen der Erwartungen beigetragen hat und wo nicht. Daraus kann er für sein zukünftiges Vorgehen lernen.

Während ein solcher Erwartungsabgleich die inhaltlichen Erwartungen reflektiert, besteht die Möglichkeit, auch die Zufriedenheit der Teilnehmer mit den erarbeiteten Ergebnissen abzubilden. Beispielsweise mit Hilfe einer Ein-Punkt-Abfrage. Die einfachste Möglichkeit ist das Punkten auf einer Skala, zum Beispiel nach folgender Frage:

Wie zufrieden bin ich mit dem gesamten Verlauf der heutigen Sitzung?

Etwas differenzierter und aussagekräftiger ist die Ein-Punkt-Abfrage auf einem zweidimensionalen Feld, beispielsweise nach folgenden Fragen:

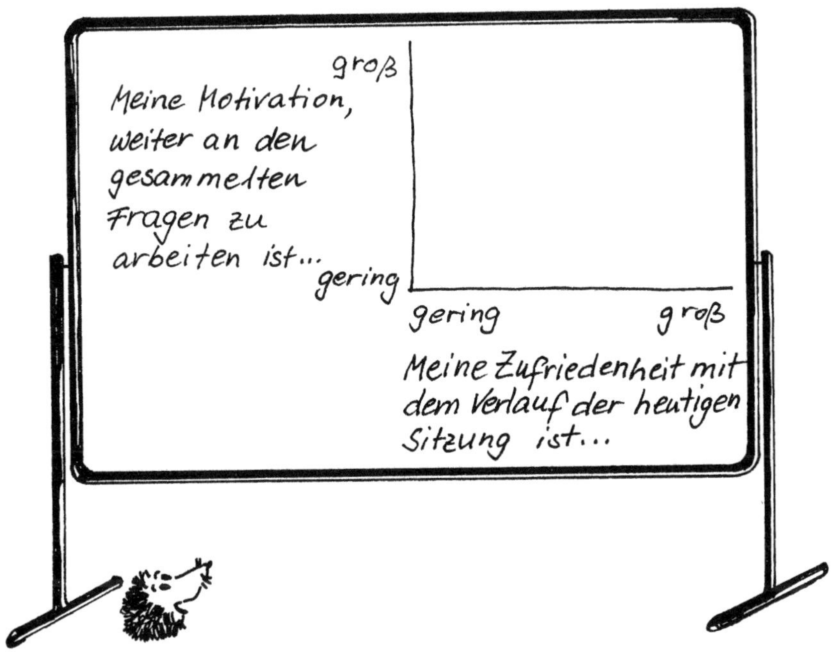

Die Teilnehmer bekommen auch hier die Möglichkeit, das Gesamtbild zu kommentieren, und die Gruppe kann diskutieren, welche Folgerungen sie aus dem Ergebnis der Stimmungsabfrage – beispielsweise für weitere Sitzungen oder für mögliche nächste Arbeitsschritte – zieht.

Rückmeldungen zur erlebten Moderation

Die Veranstaltung ist – fast – beendet, die Ergebnisse liegen fest. Die »Hausaufgaben« wurden verteilt, die Erwartungen abgeglichen, Stimmungen abgebildet und Folgemaßnahmen vereinbart. Jetzt finden die Teilnehmer – hoffentlich – noch Zeit, die Perspektive zu wechseln und laut über die Sitzung selbst, über die angewandte Methode, über das Verhalten des Moderators oder der Gruppe nachzudenken und dies in Rückmeldungen zu formulieren. »Hoffentlich« deshalb, weil eine solche Rückmelderunde in der betrieblichen und sonstigen Praxis eine unschätzbare Chance ist, bei allen Beteiligten methodische Kompetenzen in Sachen Gruppenarbeit und Moderation weiterzuentwickeln.

Für die Rückmelderunde sollten ein bis zwei Fragen formuliert und visualisiert werden. Hier einige Möglichkeiten:

Mögliche Fragen zur Rückmeldung nach einer erlebten Moderation:

- Wie zufrieden bin ich mit dem Arbeitsprozess in der Gruppe? Was hat mir besonders gefallen? Was will ich beim nächsten Mal anders machen?
- Welche Wünsche habe ich an die anderen Gruppenteilnehmer?
- Wie hat mir die Moderationsmethode gefallen als Möglichkeit, Arbeitsgruppen zu begleiten? Was hat mir insgesamt besonders gefallen? Was sollte beim nächsten Mal anders gemacht werden?
- Wie hat die Moderationsmethode zur Zielerreichung beigetragen? Was hat mir dabei besonders gefallen? Was sollte beim nächsten Mal anders gemacht werden?
- Was möchte ich dem Moderator, der Moderatorin zurückmelden? Was hat mir gefallen, was wünsche ich mir beim nächsten Mal anders?

Oder allgemeiner:

- Was hat mir gut gefallen, was sollte also beim nächsten Mal auf jeden Fall beibehalten werden?
- Was hat mir nicht so gut gefallen, was sollte beim nächsten Mal anders gemacht werden?

Beenden der Moderation und Verabschiedung der Gruppe

»Bisher habe ich Sie als Gruppe in der Rolle als Moderatorin methodisch begleitet. Diese Rolle gebe ich nun mit Abschluss der Moderation auf. Bedanken möchte ich mich bei Ihnen, dass Sie mir die Gelegenheit gegeben haben, Ihren Prozess zu begleiten …

Sie haben mir die Arbeit als Moderatorin dadurch leicht gemacht, dass Sie …

Für weitere Fragen zu meiner Arbeit oder zur Methode stehe ich Ihnen beim Abendessen gerne zur Verfügung …«

Nachbereitung

Wie in jeder anderen Besprechung oder Arbeitssitzung ist es wichtig, die Ergebnisse der moderierten Sitzung zu protokollieren. Nur so geht nichts verloren, kann die Erledigung der vereinbarten Maßnahmen überprüft werden und können Dritte einen Überblick über das inhaltliche Geschehen während der Sitzung bekommen.

Generell empfehlen wir für die Erstellung des Protokolls: so wenig wie möglich, so viel wie nötig.

Zwei Möglichkeiten:

- Das **Verlaufsprotokoll**: Es werden sämtliche im Verlauf der moderierten Sitzung erstellten Visualisierungen abfotografiert, kopiert oder abgeschrieben. Dies hilft den Gruppenmitgliedern, sich den Verlauf der Sitzung und das Zustandekommen der Ergebnisse noch einmal in Erinnerung zu rufen. Diese Form der Prozessdokumentation kann die Akzeptanz der Ergebnisse zusätzlich fördern, an deren Zustandekommen man ja aktiv beteiligt war. Gleichwohl ist zu überlegen, ob es Sinn macht, für jedes Gruppenmitglied ein seitenlanges Simultanprotokoll zu erstellen, selbst wenn dies technisch – zum Beispiel mit Hilfe eines »Pinwand-Kopierers« – einfach zu bewerkstelligen ist. Wie häufig verschwinden in der Praxis seitenlange Sitzungsprotokolle ungelesen im Papierkorb oder in den Aktenschränken der Mitarbeiter?!
- Eine Alternative zum Verlaufsprotokoll ist das **Ergebnisprotokoll**: Es werden nur die Ergebnisse der Arbeitssitzung in übersichtlicher Form möglichst noch während der Sitzung festgehalten. Oft ist dieses Protokoll inhaltsgleich mit dem Aktionsplan und wird von der gesamten Gruppe am Ende der Sitzung verabschiedet. Ein »Nachkarten« kann durch dieses Vorgehen weitgehend vermieden werden.

Kapitel 9
Verfahren der Moderation: Arbeitshilfen für die Praxis

In den vorherigen Kapiteln haben wir immer wieder den Einsatz verschiedener Verfahren während einer moderierten Sitzung angesprochen – die Verfahren aus dem Werkzeugkoffer des Moderators. Welche dieser vielen Verfahren er auswählt und der Gruppe im Laufe der Arbeit vorschlägt, hängt ab von Ziel, Thematik, Gruppengröße und von der zur Verfügung stehenden Zeit.

Wir empfehlen, zu Beginn einer Moderationskarriere mit möglichst vielen Verfahren Erfahrungen zu sammeln, um ihre vielfältigen Stärken und Besonderheiten kennen zu lernen.

Auf den folgenden Seiten wollen wir Verfahren vorstellen, die sich in der Praxis in vielen Moderationen bewährt haben. Die Vorstellung folgt der Struktur:

- Zweck des Verfahrens,
- Vorgehensweise,
- Besonderheiten, die bei der Anwendung zu beachten sind.

»So eine Übersicht ist eine gute Idee. Wenn ich mich in den nächsten Monaten als Moderatorin ausbilden lasse, brauche ich dann bei der Vorbereitung meiner ersten eigenen Moderation nur noch das jeweilige Verfahren auszusuchen. Ich schreibe mir dann auf, was ich beachten muss und gestalte für die Gruppe eine Visualisierung mit Zielen, Ablauf und Regeln des jeweiligen Verfahrens.«

»Genau so können Sie es machen. Nur eines dürfen Sie bei aller Begeisterung für die verschiedenen Verfahren nicht vergessen: Ihr bloßer Einsatz macht, so hilfreich sie auch sind, noch keine Moderation aus. Denken Sie bei der Vorbereitung und dem Einsatz aller Verfahren, die Sie aus diesem Buch auswählen oder die Sie später selbst entwickeln, immer auch an Ihre Haltung als Moderatorin: Sie sind inhaltlich unparteiisch und personenbezogen neutral und unterstützen bei allem, was sie tun, die Gruppe auf ihrem Weg zum Ziel. Nur wenn sie nach diesen Grundsätzen eine Moderation durchführen, können die folgenden Verfahren auch ihre ganze Stärke entfalten. Und natürlich nur, wenn Sie den Einsatz der einzelnen Verfahren sorgfältig vorbereiten und sie systematisch einführen. Dabei können vielleicht die folgenden Hinweise helfen.«

Beim Einsatz der Verfahren ist zu beachten:

Die systematische Einführung

- Begründen, warum ein bestimmtes Verfahren durchgeführt werden soll;
- Ziel des Verfahrens vorstellen;
- Ablauf des Verfahrens, die einzelnen Schritte und die besonderen Verfahrensregeln vorstellen;
- Zeiten mit der Gruppe vereinbaren; 
- die konkrete Arbeitsaufgabe stellen; die Arbeitsfrage formulieren; 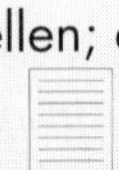
- das Verständnis ? bei den Teilnehmern sichern;
- das Einverständnis  (die Akzeptanz) für das Verfahren bei den Teilnehmern sichern;
- anfangen. **START**

Die Formulierung der Arbeitsfragen

Arbeitsfragen – gelegentlich werden sie auch Transparenzfragen genannt – setzen eine Handlung in Gang. Beispielsweise denken die Gruppenmitglieder in eine bestimmte Richtung, sammeln Ideen zu einem Themenbereich, bilden eine Rangreihe nach einem bestimmten Kriterium, entscheiden sich aufgrund eines besonderen Auswahlkriteriums für eine Möglichkeit und gegen eine andere.

Arbeitsfragen, die sehr allgemein formuliert sind – »Was fällt mir alles zum Verhältnis Meister zu Ingenieuren ein?« – können ein sehr großes Antwortspektrum erzeugen. Die Komplexität kann für die Zielerreichung in einem konkreten Arbeitsschritt zu groß und teilweise unbrauchbar sein.

Arbeitsfragen, die sehr spezifisch formuliert sind – »An welche Probleme zwischen Meistern und Ingenieuren erinnere ich mich, wenn ich an das Vorbereitungstreffen für das Teilprojekt X am letzten Freitag denke?« – erzeugen ein eher enges Antwortspektrum. Dieses Spektrum kann wiederum zu wenig neue und kreative Anregungen beinhalten. Es wäre dann zu mager für das, was mit dem anstehenden Arbeitsschritt von der Gruppe erreicht werden sollte.

Daraus folgt: Arbeitsfragen müssen so sorgfältig wie möglich formuliert werden. Sie müssen genau in die Richtung zielen, die mit dem gesamten Arbeitsschritt erreicht werden soll. Aus Erfahrung heraus heißt das: sie sollten eher etwas enger als zu weit formuliert werden.

Zudem gilt:

- offene Frageformulierung verwenden – »W-Fragen«;
- positiv formulieren – »Was soll geschehen ...?« statt »Was sollte vermieden werden ...?«;
- die Perspektive der Gruppe/der Gruppenteilnehmer einnehmen – »Was möchte ich ...? Was halten wir ...?«.

Die Verfahren:

Ein-Punkt-Abfrage

Zweck der Ein-Punkt-Abfrage:

- Einen ersten, eher »spielerischen« Kontakt mit dem Thema, den Teilnehmern untereinander und der Gruppe ermöglichen;
- eine erste Problem- und Themenorientierung schaffen;
- verborgene Interessen der Gruppe transparent machen;
- Stimmungen in der Gruppe bewusst machen.

Dieses Verfahren eignet sich immer dann, wenn es darum geht, ein erstes, vielleicht noch grobes Bild der Stimmungen, Haltungen, Erwartungen, Meinungen oder Einschätzungen in einer Gruppe als Momentaufnahme zu erhalten. Das Ein-Punkt-Verfahren wird häufig zu Beginn oder am Ende von Gruppensitzungen eingesetzt.

Vorgehensweise:

- Die Arbeitsfrage und ein ein- oder zweidimensionales Antwortraster sind auf einer Pinwand/einem Flipchart oder auch auf Folie vorbereitet (siehe auch die Beispiele in diesem Buch).
- Die Dimensionen des Antwortrasters werden kurz erklärt, Teilnehmerfragen beantwortet.
- Jeder Teilnehmer bekommt einen Klebepunkt mit der Bitte, ihn an die von ihm gewählte Stelle zu setzen.
- Das entstandene »Bild« wird kurz besprochen.
- Mögliche Fragen dazu:
  - »Wie stellt sich das Ergebnis für Sie dar?«
  - »Wer möchte etwas zu seinem Punkt sagen?«
  - »Was drücken diese Punkte für Sie aus?«
- Die Antworten werden mitgeschrieben.

Dauer: 5–10 Minuten

Besonders zu beachten:

- Erst »punkten« lassen, wenn alle Teilnehmer einen Punkt bekommen haben.
- Das Punkten kann auch anonym erfolgen; indem beispielsweise die Pinwand umgedreht wird oder indem die Antwortdimensionen skaliert sind und die Teilnehmer ihre Position auf die Klebepunkte schreiben. Die Klebepunkte werden dann vom Moderator nach dem Einsammeln angeklebt.
- Die Arbeitsfrage soll möglichst aktivierend, offen und in der Ich-Form formuliert werden.
- Die Abfrage kann später wiederholt werden. Die Bilder werden dabei ergänzt – beispielsweise bei der Vorher-Nachher-Abfrage.

Mögliche Fragestellungen für eine Stimmungsabfrage mit der Ein-Punkt-Abfrage:

- Stimmungs-Fragen zum allgemeinen Befinden: »Wie geht es mir im Moment?«
- Stimmungs-Fragen zur Arbeitsfähigkeit in der konkreten Situation: »Wie fühle ich mich heute Nachmittag zu Beginn dieser Arbeitssitzung?« »Wie sieht meine Motivation zur Mitarbeit in der Sitzung heute aus?« »Wie geht es mir dabei, wenn ich an das heute zu bearbeitende Pensum denke?«
- Einstellungsfragen zur Thematik: »Wie sehr interessiert mich das heute behandelte Thema?« »Wie sehr bin ich an einer Veränderung von ... interessiert?«

Blitzlicht

Zweck des Blitzlichtes:

- Es sollen eine Momentaufnahme von persönlichen »Stimmungen« in der Gruppe erstellt und individuelle Bedürfnisse, Wünsche, Gefühle oder Gedanken transparent gemacht werden.
- Das Blitzlicht ermöglicht den einzelnen Gruppenmitgliedern, ihre subjektive Befindlichkeit mitzuteilen und sich diese in Verbindung mit den Gefühlen und Stimmungen der anderen Teilnehmer bewusst zu machen.
- Der Moderator kann sich durch das Blitzlicht ein Bild davon machen, wie es der Gruppe gerade geht. Dazu ist es wichtig, auch für die nicht (laut) gesagten Dinge sensibel zu sein. Das Blitzlicht eignet sich in der Praxis besonders dafür, das Geschehen auf der Beziehungsebene transparent zu machen.

Vorgehensweise:

- Der Moderator (es können auch die Gruppenteilnehmer selbst sein) formuliert eine Frage, zu der die Teilnehmer aus ihrer persönlichen Sicht Stellung nehmen sollen.

  Beispiele: »Wenn ich an die Art der Diskussion heute denke, was bewegt mich da jetzt besonders?« (Am Abend nach dem ersten Arbeitstag) »Wenn ich an die Ergebnisse denke, die wir bisher erzielt haben, was stellt mich da zufrieden und wo habe ich noch Magenschmerzen?«

- Irgendein Gruppenmitglied beginnt mit seiner kurzen Aussage (Blitzlicht!) zur Frage, dann schließen sich die anderen der Reihe nach an. Wer im Moment nichts sagen möchte, teilt dies mit.
- Es gibt während der Runde keine Stellungnahmen zu bzw. Diskussionen über einzelne Aussagen.
- Nach dem Blitzlicht überlegt der Moderator, welche Konsequenzen sich aus dem Gesagten seiner Meinung nach für das weitere Vorgehen in der Gruppe ergeben. Er teilt seine Überlegungen der Gruppe mit und macht ggf. Vorschläge für die nächsten Schritte.
- Es muss keine weitere Diskussion über das Gesagte erfolgen. Es kann sich aber auch eine Aussprache über die Inhalte der Blitzlichtrunde

anschließen – beispielsweise darüber, welche Störungen im Raum vorliegen, die vor Arbeitsbeginn bearbeitet werden sollten, wie der weitere Arbeitsablauf in der Gruppe gestaltet oder mit welchen veränderten und neuen Regeln weitergearbeitet werden soll.

Dauer: 20–30 Minuten (mit Aussprache: etwa 60 Minuten)

Wichtig: Auch wenn der Moderator inhaltlich neutral bleibt, so ist er doch Teil des gesamten Gruppenprozesses. Richtet sich das Blitzlicht auf diesen Gruppenarbeitsprozess (z.B. bei der Leitfrage »Wie fühle ich mich heute zu Beginn des Arbeitstages?«), so nimmt der Moderator daran teil. Er muss selbst entscheiden, wann sich die Fragen im Blitzlicht zu stark auf inhaltliche Aspekte der Arbeit beziehen. In diesen Fällen hält er sich zurück. In jedem Fall überwacht er aber die Einhaltung der vereinbarten Regeln.

Besonders zu beachten:

- Der Moderator achtet darauf, dass jeder nur über sich selbst spricht, über seine Erfahrungen und seine Wahrnehmungen (»Ich«- statt »Man«-Regel).
- Über die Äußerungen der einzelnen Teilnehmer wird während der Runde nicht diskutiert. Sie bleiben als persönliches »Blitzlicht« unkommentiert im Raum stehen.
- Dieses Verfahren wird von erfahrenen Moderatoren eingesetzt, wenn sie Spannungen oder latente Störungen wahrnehmen, die den zielgerichteten Arbeitsprozess massiv behindern können oder schon behindern.

Karten-Antwort-Verfahren und Gruppenbildung

(Sortieren Clustern oder Klumpen)

Zweck der Verfahren:

- Anonymes Sammeln und gemeinschaftliches Sortieren von:
  - Themen,
  - Meinungen/Haltungen,
  - Erwartungen,
  - Ideen/Vorschlägen,
  - Lösungsansätzen.

Vorgehensweise:

- Der Moderator stellt eine Arbeitsfrage.
- Die Teilnehmer erhalten Zeit, um ihre Antworten auf Karten zu schreiben.
- Der Moderator sammelt die Karten ein und liest sie kommentarlos vor.
- Die Teilnehmer entscheiden, welche Karten zusammengehören. (Dies geschieht über Assoziationen.) Der Moderator sortiert diese und fügt sie zu Clustern oder Klumpen zusammen.
- Alternative: Die gesamte Gruppe steht an der Pinwand und fasst in einem ersten Schritt gemeinsam die Karten zu Clustern zusammen. Strittige Zuordnungen werden mit dem Moderator und allen Anwesenden im Plenum geklärt.
- Die gebildeten Cluster werden eingerahmt und mit Überschriften versehen, die das Gemeinsame der Beiträge widerspiegeln.
- Anschließend kann mit den Gruppen beziehungsweise Überschriften weitergearbeitet werden. Beispielsweise können sie gewichtet oder zu Arbeitsaufgaben umformuliert werden, die dann in Kleingruppen weiterbearbeitet werden.

Dauer: 60 Minuten (bei komplexen Fragestellungen auch länger)

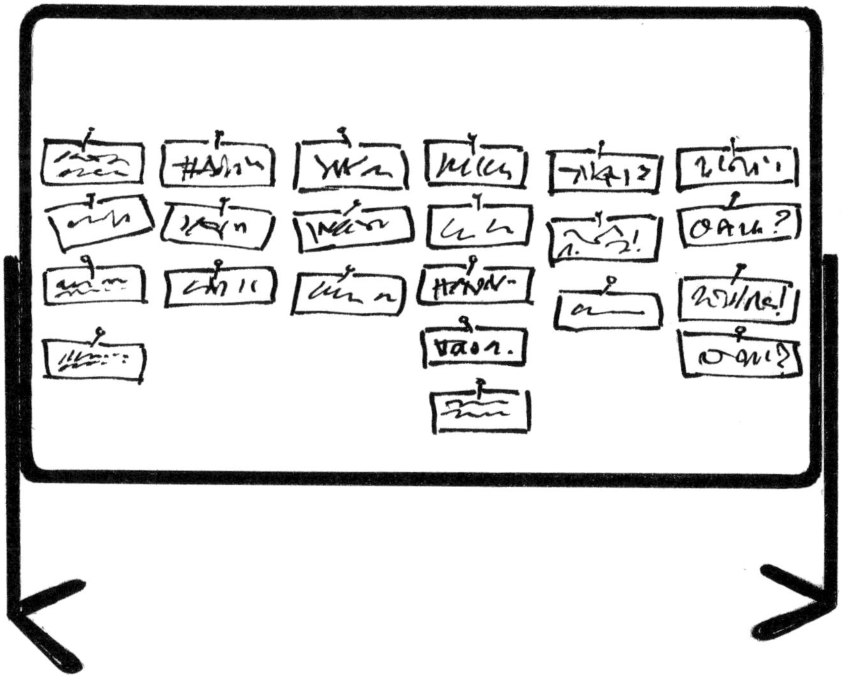

Besonders zu beachten:

Beim Karten-Antwort-Verfahren

- Die Arbeitsfrage muss auf das Ziel des Arbeitsschrittes ausgerichtet sein. Sie muss eindeutig, für alle verständlich und so präzise wie möglich formuliert werden.
- Die Anonymität der Kartenschreiber sollte nur freiwillig von diesen selbst aufgehoben werden.
- Auf jeder Karte sollte nur eine Idee, ein Vorschlag stehen, damit die Karten zu Gruppen sortiert werden können.
- Möglichst »selbst-verständlich« formulieren (Hauptwort mit Verb oder knappe Sätze).
- »Laut und deutlich« schreiben.

Beim Clustern/Klumpen

- Dem Sinn nach ähnliche Karten zusammenhängen.
- Karten können gedoppelt/kopiert werden.

- Karten können eine Zeit lang »geparkt« werden, bis mehr Klarheit über eine Zuordnung besteht.
- Umordnen der Karten ist möglich.
- Zuordnungsvorschläge von den Teilnehmern begründen lassen.
- Unklare Karten durch die Gruppe erklären lassen (oder durch den Kartenschreiber, wenn dieser dazu bereit ist).
- Die Zuordnung im Konsens treffen.
- Keine Karte wegwerfen. Auch ähnlich formulierte Karten verwenden (zusammenstecken), sie können auf inhaltliche Schwerpunkte hinweisen. Außerdem ist es ein Zeichen von Wertschätzung den Gruppenteilnehmern gegenüber, dass jede Karte gleich behandelt wird.
- Nachdem in einer Gruppe mehrere Karten hängen, vorläufige Überschriften finden, um das weitere Zuordnen zu erleichtern.

Wenn nur wenig Zeit zur Verfügung steht oder wenn bei großen Gruppen mit einer sehr großen Anzahl von geschriebenen Karten gerechnet werden muss, kann es Sinn machen, die Zahl der einzusammelnden Karten zu begrenzen. Der Moderator bietet der Gruppe an, zunächst beliebig viele Karten zu schreiben, um dann vor dem Einsammeln die für die Einzelnen persönlich wichtigen – beispielsweise drei oder fünf – Karten auszuwählen. Ein solches Vorgehen muss aber mit der Gruppe abgesprochen werden, da sonst die Enttäuschung bei Einzelnen groß sein kann: »Erst schreibe ich so viele tolle Antworten, und dann will sie keiner haben!« Eine mögliche Alternative: Die Karten von Kleingruppen (zwei oder drei Teilnehmer) schreiben lassen.

Anonymität: Aus der Anonymität heraustreten und zu ihren eigenen Karten Stellung beziehen sollten Kartenschreiber – wenn überhaupt – nur freiwillig. Das Karten-Antwort-Verfahren gestattet es ausdrücklich, dass Kartenschreiber anonym bleiben können. Dies ist besonders in Gruppen wichtig, die mit Vertretern unterschiedlicher Hierarchiestufen besetzt sind.

Vorsicht vor Komplexität: Mit diesem Verfahren gelingt es leicht, durch die Anzahl der Karten eine schier unübersehbare Komplexität auf den Pinwänden zu erzeugen. Meistens bekommen die Klumpen dann sehr allgemein gehaltene Überschriften, mit denen weitergearbeitet wird. Der

Ideenreichtum in den Karten bleibt dabei auf der Strecke. Es ist Aufgabe eines erfahrenen Moderators, vorher zu überlegen, wie viel Komplexität entstehen und wie die Gruppe damit weiterarbeiten kann. Beispielsweise lassen sich Kartengruppen in einem weiteren, gesonderten Arbeitsschritt so verdichten, dass die Ideenvielfalt größtenteils erhalten bleibt. Oder die Ideensammlung auf den Karten wird in einem späteren Arbeitsschritt noch einmal aufgegriffen, zum Beispiel als »Gegencheck« zu den bis dahin erarbeiteten Lösungen.

Verschwommenheit von Überschriften: Vor allem bei moderationsungeübten Gruppen geschieht es häufig, dass als Überschriften lediglich Schlagworte genannt werden. Hier muss der Moderator um Konkretisierung bemüht sein. Ein günstiges Kriterium für diese Konkretisierungsarbeit: »Wie können wir die Überschrift so formulieren, dass wir auch morgen noch das dazugehörige Spektrum der zugehörigen Karten eindeutig erkennen?« Alternative: Als Überschrift nur komplette Aussagen oder Fragen zulassen. Vorsicht bei »Filmtiteln«, die bunt klingen, aber nach der nächsten Pause niemanden mehr daran erinnern, was damit eigentlich ausgedrückt werden soll.

Zuruf-Antwort-Verfahren

Zweck des Zuruf-Antwort-Verfahren:

- Ein unsystematisches, spontanes Sammeln von
  - Themen,
  - Meinungen/Haltungen,
  - Erwartungen,
  - Ideen/Vorschlägen,
  - Lösungsansätzen,
  - Problemen.
- Dieses Verfahren eignet sich immer dann, wenn
  - spontan beispielsweise erste Ideen zu neuen Arbeitsschritten formuliert werden sollen,
  - von den Teilnehmern gegenseitige Anregung gewünscht wird und
  - kein Bedarf an Anonymität besteht.

Vorgehensweise:

- Auf einem Flipchartplakat wird eine Arbeitsfrage visualisiert.
- Die Teilnehmer rufen dem Moderator ihre Antworten zu.
- Dieser oder einer der Teilnehmer schreibt die Beiträge untereinander möglichst wortgleich mit (auf Folie, Tafel oder auf leere Karten an einer Pinwand). Sehr umfangreiche Aussagen lässt er durch die Teilnehmer selbst zusammenfassen.
- Es werden keine Beiträge vom Moderator verändert oder bewertet.

Dauer: 15 Minuten

Besonders zu beachten:

Auf eine präzise Frageformulierung achten. Fantasievolle und originelle Antworten sollen möglich sein. In Arbeitsgruppen, in denen noch kein spannungsfreies Arbeiten möglich scheint, sollte der Moderator prüfen, ob er das anonyme Karten-Antwort-Verfahren dem Zuruf-Antwort-Verfahren vorzieht. Wie auch beim Karten-Antwort-Verfahren muss sich der Moderator im Vorfeld überlegen, wie die Gruppe mit den Ergebnissen der Zuruf-Sammlung weiterarbeiten kann (beispielsweise Sortieren der Beiträge, Gewichten, Kleingruppenarbeit).

Ist an eine differenzierte Weiterarbeit gedacht, sollten die Zurufe auf Kärtchen an einer Pinwand geschrieben werden. Für einen ersten Meinungsüberblick reicht die Visualisierung auf dem Flipchart oder auf Folien.

Gewichtungsverfahren

Zweck des Gewichtungsverfahrens:

Mit dem Gewichtungsverfahren können alle Teilnehmer gleichberechtigt unterschiedliche Ideen oder mehrere Möglichkeiten bewerten. Dieses Verfahren erfolgt nonverbal. Es wird bei der Bewertung nicht gesprochen oder gar lauthals verhandelt.

Vorgehensweise bei der Bildung von Reihenfolgen:

- Ein im Verlauf der Gruppenarbeit entstandener Themenspeicher (zum Beispiel durch das Karten- oder Zuruf-Antwort-Verfahren) wird noch einmal kurz vorgestellt:

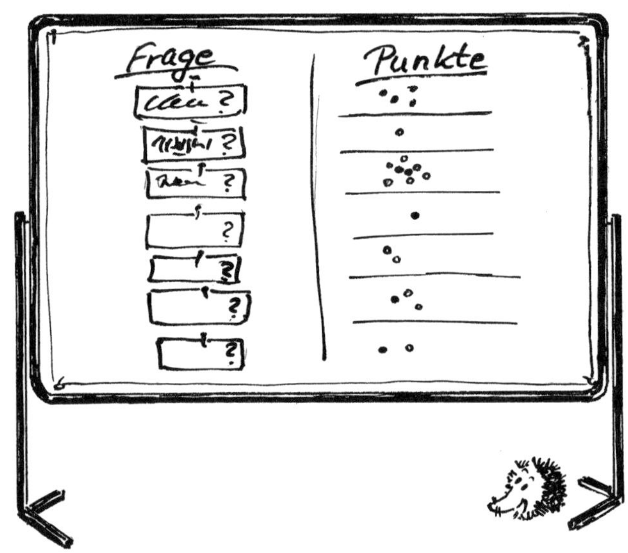

- Die Teilnehmer erhalten Klebepunkte; Faustregel: halb so viele Punkte wie Wahlmöglichkeiten plus eins.
- Der Moderator stellt eine Bewertungsfrage. Diese muss eindeutig formuliert sein, damit alle Teilnehmer nach demselben Kriterium bewerten. Die Konsequenzen aus der Gewichtung müssen allen offensichtlich sein.

- Die Teilnehmer kleben ihre Wertungen an die dafür vorgesehene Stelle. Dabei darf kumuliert (»gehäufelt«) werden. Auf einzelne Wahlmöglichkeiten dürfen also mehrere (Faustregel zwei bis maximal drei) Punkte geklebt werden. Damit können die einzelnen Teilnehmer auch die besondere Bedeutung dokumentieren, die sie bestimmten Themen zumessen.
- Die Reihenfolge der bewerteten Punkte, Themen, Anregungen ergibt sich aus der Zahl der geklebten Punkte.

Vorgehensweise bei der Bewertung oder Auswahl von Alternativen:

- Für eine konkret und eindeutig formulierte Frage werden Gegensatzpaare/Alternativen gebildet.
- Der Moderator visualisiert die Bewertungsfrage, nach der gewichtet werden soll, sowie die Alternativen, die zur Entscheidung stehen.
- Die Teilnehmer erhalten Klebepunkte in der Anzahl der Alternativmöglichkeiten (Zeilen). Jede Alternative können sie unterschiedlich gewichten. Es darf nicht kumuliert werden.

- Die Summen der vorgenommenen Gewichtungen können über die Alternativen entscheiden. Sie geben aber auch eine Übersicht über das Meinungsspektrum in der Gruppe.

Besonderheiten beim Einsatz:

- Es wird jeweils nur eine Bewertungsfrage für die Gewichtung gestellt.
- Der Moderator hält sich während des Punktens zurück, gibt keine Kommentare und beobachtet auch nicht, wer aus der Gruppe welche Alternativen gepunktet hat.
- Für den Fall, dass Anonymität gelten soll, kann der Moderator die zu bewertenden Themen oder Alternativen nummerieren. Die Teilnehmer schreiben dann die Nummern auf ihre Klebepunkte. Der Moderator sammelt die Punkte ein, mischt sie und klebt selbst.

Diskussion im Rahmen einer Moderation

Während der gesamten moderierten Arbeitssitzung diskutieren die Teilnehmer immer wieder miteinander. Der Moderator unterstützt die Gruppenmitglieder dabei, achtet auf vereinbarte Regeln, macht auf Abweichungen vom Thema aufmerksam, auf mögliche Störungen, die die Arbeit zu blockieren drohen. Zusätzlich zu derartigen immer wieder auftretenden Diskussionen, kann auch für einen bestimmten Zeitraum – beispielsweise 30 Minuten – in der Gruppe gezielt eine bestimmte Fragestellung diskutiert werden. Eine solche moderierte Diskussion kann der Moderator der Gruppe als besonderen Arbeitsschritt anbieten.

Vorgehensweise:

- Der Moderator legt zusammen mit der Gruppe den Zeitrahmen für die Diskussion fest.
- Der Moderator kann den Gruppenteilnehmern besondere Spielregeln für die Diskussion anbieten. Diese können sich beziehen auf
  - die Länge der einzelnen Beiträge,
  - die Art des Umgangs miteinander während der Diskussion (»Ich lasse den Vorredner ausreden, bevor ich das Wort ergreife«),
  - die Art der Argumentation (»Bevor ich widerspreche, teile ich zuerst einmal mit, was ich vom anderen verstanden habe«).

  Es hat sich als sinnvoll erwiesen, diese Spielregeln auf Karten zu schreiben und für alle sichtbar aufzuhängen.
- Der Moderator visualisiert das Thema oder die konkrete Fragestellung der Diskussion. Während der Diskussion schreibt er Zwischenergebnisse, Standpunkte oder offene Fragen mit.
- Der Moderator achtet darauf, dass die Diskussion beim eingangs beschlossenen Thema bleibt. Er teilt der Gruppe Abweichungen vom Thema mit.
- Der Moderator versucht, durch Fragen alle Gruppenteilnehmer aktiv am Diskussionsprozess zu beteiligen.

Der Moderator spiegelt der Gruppe Konflikte, die die gesamte Durchführung der Diskussion zu gefährden drohen. Das bedeutet nicht, dass er auf jeden Zwischenruf eingehen muss. In Diskussionen ist eine gewisse Spontaneität durchaus anregend für einen lebendigen und kreativen Verlauf.

Erst wenn keiner mehr zuhört, alle durcheinander reden und mehr Verbalinjurien als Inhalte geäußert werden, dann ist es Zeit für eine längere Kaffeepause.

Besonders zu beachten:

Eine moderierte Diskussion lässt sich vereinfacht beschreiben als normale Diskussion, die moderiert wird. Und doch ist sie alles andere als alltäglich. Der Moderator muss sich bei dem manchmal sehr hektischen Hin und Her von alternativen, kontroversen oder chaotischen Argumenten extrem konzentrieren, darf den roten Faden der Diskussion und die Vielfalt der Meinungen nicht aus den Augen verlieren. Er muss zur richtigen Zeit, wenn beispielsweise die Zahl der verschiedenen Ansichten zu groß wird und keiner mehr »durchzublicken« droht, mit eigenen Worten wiederholen und zusammenfassen – möglichst mit Hilfe von Visualisierungen – und den Diskussionsprozess dadurch wieder übersichtlich gestalten. Und: Zu keiner Zeit der Diskussion verletzt er seine inhaltliche Unparteilichkeit oder personenbezogene Neutralität.

Kleingruppenarbeit

Zweck der Kleingruppenarbeit:

Während einer moderierten Arbeitssitzung erfolgt eine intensive Problembearbeitung häufig in Kleingruppen mit bis zu fünf Teilnehmern. Damit werden die Effekte, die Großgruppen behindern können, aufgehoben, und auch ruhigeren Teilnehmern bietet sich ein Forum, in dem sie leichter zu Wort kommen können.

Vorgehensweise:

- Thema und Ziel der Kleingruppenarbeit werden vorgestellt und visualisiert.
- Die Gruppenmitglieder entscheiden sich für die Mitarbeit in einer der Gruppen.
- Die Teilfragen und vorbereiteten Bearbeitungsschritte, die einen groben Rahmen für die Behandlung des Themas und für die Präsentation der Ergebnisse bilden, werden vorgestellt.
- Während der Gruppenarbeit sollte von den Gruppenmitgliedern möglichst viel mitvisualisiert werden.
- Gegensätze müssen nicht ausdiskutiert werden. Unterschiedliche Positionen werden festgehalten und als solche gekennzeichnet; beispielsweise mit einem ϟ.
- Die Ergebnisse der Gruppenarbeit werden anschließend im Plenum präsentiert.

Dauer für die Gruppenarbeit: je nach Arbeitsumfang 30–60 Minuten.

Besonders zu beachten:

- Es können unterschiedliche Themen in verschiedenen Gruppen (arbeitsteilige Gruppenarbeit) oder einzelne Themen von mehreren Gruppen bearbeitet werden (konkurrierende Gruppenarbeit); auch Mischformen sind möglich.
- Die Arbeitsfragen, nach denen die Themen bearbeitet werden, können vom Moderator vorbereitet oder gemeinsam in der Gruppe vereinbart werden. Vorbereitete Arbeitsfragen und -schritte (»Kleingruppensze-

narien«) helfen bei der Verständigung innerhalb der Gruppe und bei der Zusammenführung der Ergebnisse verschiedener Kleingruppen.

- Die Gruppenbildung sollte nach Interesse an der Fragestellung erfolgen. Gruppenbildung nach dem Zufall oder anderen Kriterien (»Schuhgröße«) verhindern die Identifikation mit dem zu bearbeitenden Problem. Interessieren sich mehr als fünf Gruppenmitglieder für ein Thema, so können entweder parallele Gruppen gebildet werden, oder einzelne Teilnehmer entscheiden sich freiwillig für eine andere Gruppe.
- Der Moderator kann die Kleingruppen methodisch beraten, wenn diese das wünschen.

Kleingruppenszenario aus unserem Beispiel:

Brainstorming

Zweck des Brainstormings:

Das Brainstorming – wohl die bekannteste klassische Kreativitätstechnik – bildet einen besonderen, durch spezifische Regeln gekennzeichneten Rahmen, um das kreative Potenzial aller Teilnehmer bei der Suche nach Problemlösungen zu aktivieren. Es fördert meist eine sehr große Zahl im freien Assoziationsprozess gefundener Lösungen, Anregungen und Ideen. Das Gesamtergebnis enthält erfahrungsgemäß eine Reihe von verwertbaren Ansätzen, über die weiter nachgedacht und die bearbeitet werden müssen.

Vorgehensweise:

- ❖ Der Moderator nennt das als Frage formulierte *Problem* oder unterstützt die Gruppe bei der Formulierung der Frage.
- ❖ Der Moderator erläutert Hintergründe und die besondere Zielsetzung des Verfahrens und stellt die vier zentralen Regeln vor:
  - Masse geht vor Klasse.
  - Keine Kritik oder Bewertung der Nennungen erlaubt.
  - Kein Copyright, alle Ergebnisse gehören der Gruppe, nicht einem Einzelnen.
  - Jede Assoziation sollte genannt werden, »Spinnen« ist ausdrücklich erlaubt.
- ❖ Für den »Ideen-Sturm« kann ein Zeitrahmen vereinbart werden. Erfahrungsgemäß dauert die Sammlung zwischen 15 und 20 Minuten. Wichtig ist hier die Sensibilität des Moderators: Die erste »Ideenflaute« sollte noch überbrückt werden, spätestens bei der dritten sollte die Runde beendet werden.
- ❖ Die Teilnehmer »produzieren« ihre Ideen entweder selbst geschrieben auf Karten oder auf Flipchart, Tafel, Folien.
- ❖ Der Moderator achtet darauf, dass die Regeln strikt eingehalten werden.

Gesamtdauer: 30 Minuten

Besonders zu beachten:

In der betrieblichen Praxis firmiert meist jede Form der Ideensammlung als Brainstorming. Die besondere Leistung dieser Methode – kreative Ideengenerierung zur Problembearbeitung – wird jedoch nur erreicht, wenn alle oben genannten Regeln wirklich eingehalten werden. Das gilt besonders für den Freiraum, in dem jede Art von Fantasieren erlaubt ist, und für das Verbot jeglicher Kritik während der Sammlung.

Nach Beendigung der Sammlungsphase geht es darum, die große Masse an Ideen oder Vorschlägen weiterzubearbeiten. Dies kann beispielsweise durch Gruppenbildung, Bewertung und Aussortieren einzelner Ideen oder durch Umformulieren erfolgen. Der Moderator muss auch beim Einsatz eines Brainstormings exakt überlegen, welche Schritte er der Gruppe für die weitere Arbeit anbietet.

Fragenspeicher

Zweck des Fragenspeichers:

Fragen, die während des gesamten Arbeitsprozesses auftreten und nicht sofort beantwortet werden können, werden notiert und an einer extra dafür vorgesehenen Stelle (dem Fragenspeicher) »geparkt«. Damit bekommen manche Störungen in der Gruppe oder besondere Bedürfnisse Einzelner einen angemessenen Platz. Die Fragen werden zu einem festgelegten Zeitpunkt (meistens am Ende der Sitzung gelegentlich auch in einer fest geplanten Folgesitzung) wieder aufgegriffen und bearbeitet.

Vorgehensweise:

- Hintergründe und Zweck eines Fragenspeichers werden vom Moderator situationsbezogen eingeführt. Es wird in der Gruppe ein Zeitpunkt festgelegt, an dem der Speicher abgearbeitet wird.
- Können bestimmte Fragen oder Probleme im Verlauf der Arbeitssitzung nicht geklärt werden, weist der Moderator auf die Möglichkeit hin, sie als Frage formuliert in den Speicher aufzunehmen. Der einzelne Teilnehmer oder die Gruppe entscheiden darüber.
- Bevor die moderierte Sitzung beendet wird, muss noch einmal auf die Fragen im Fragenspeicher eingegangen werden. Die Gruppe entscheidet dann, wie sie damit weiter umgehen will.

Besonders zu beachten:

- Die Anonymität des Fragestellers kann auf Wunsch gewährleistet werden, indem der Moderator die ihm während einer Pause zugetragene Frage selbst aufschreibt und sie anschließend vorstellt.

Maßnahmenplan

Zweck des Maßnahmenplans:

Die während der moderierten Sitzung erarbeiteten Ergebnisse oder vereinbarten Maßnahmen für »die Zeit danach« werden in eine konkrete und verbindliche Form gebracht, die die persönliche Verantwortung für einzelne Maßnahmen und die zeitliche Planung festlegt.

Vorgehensweise:

- Alles, was im Anschluss an die moderierte Sitzung gemacht werden soll, wird so konkret wie möglich beschrieben und für alle sichtbar in den Maßnahmenplan eingetragen. Das Formulieren einzelner Maßnahmen für komplexe Aufgabenstellungen (»Was?«-Spalte) kann in Kleingruppen vorbereitet werden.

- Es dürfen nur anwesende Personen als Verantwortliche benannt werden (»Wer?«-Spalte).
- Der Zeitansatz für die Erledigung der Aufgabe muss realistisch sein. Hier erweist sich meist, ob die Maßnahme konkret genug beschrieben wurde (»Wann?«-Spalte).
- Für die (Selbst-)Kontrolle und die Motivation zur Maßnahmenbearbeitung ist es sinnvoll, als zusätzliche Spalte eine Erfolgsoperationalisierung anzubieten: »Wodurch ist die erfolgreiche Erledigung der Maßnahme gekennzeichnet? Wie sieht das konkrete Ergebnis aus, nachdem die Maßnahme abgeschlossen ist?«
- Einige Gruppen entschließen sich auch, die Umsetzung wichtiger Maßnahmen durch »Paten« begleiten zu lassen. Diese Paten sind nicht direkt am Umsetzen der Maßnahme beteiligt, erinnern aber den Verantwortlichen immer wieder an den Zeitplan, helfen bei auftretenden Schwierigkeiten oder bieten sich als Gesprächspartner an.

Besonders zu beachten:

- Häufig lässt sich beobachten, dass Gruppenmitglieder in der »Schluss-Euphorie« einer erfolgreichen Arbeitssitzung mit großer Begeisterung umfangreiche Maßnahmenpläne erstellen. Jeder übernimmt gleich mehrere Aufgaben und verspricht »hoch und heilig«, alles pünktlich und perfekt zu erledigen. Die Gruppe trennt sich überglücklich, jeder eilt in sein Büro, hört das Telefon, der erste Anruf aus dem »Alltag« und – die übernommenen Aufgaben bleiben liegen. Ein Maßnahmenplan kann nur dann seine Funktion erfüllen, wenn die Maßnahmen während der Erstellung gewissenhaft auf ihre Realisierbarkeit überprüft werden. Hier sollte der Moderator einer Selbstüberschätzung in der Gruppe entgegenwirken.
- Zu jeder Maßnahme müssen die dazugehörigen Spalten ausgefüllt werden. Findet sich für eine Maßnahme kein Verantwortlicher, so sollte die Maßnahme wieder gestrichen werden.

Weitere Verfahren

Wir haben eingangs darauf hingewiesen, dass in einer moderierten Arbeitssitzung sämtliche Gruppenarbeitsverfahren für das Sammeln, Strukturieren, Bearbeiten oder Entscheiden von Themen eingesetzt werden können. Wichtig für ihren Einsatz in einer moderierten Sitzung ist, dass der Moderator

- das konkrete Verfahren für die Zielerreichung während eines konkreten Arbeitsabschnittes für geeignet hält,
- seine Zielsetzung, Besonderheiten und Verfahrensregeln vorstellt,
- bei der Durchführung seine Rolle als Moderator konsequent einhält.

Die folgende Übersicht weist auf Quellen hin, in denen zusätzliche Verfahren beschrieben werden, die in moderierten Gruppenarbeiten eingesetzt werden können.

Verfahren zum »Ankommen« in Gruppen, zur Beziehungsgestaltung zwischen den Teilnehmern

Hierzu gehören beispielsweise die in vielen Gruppen beliebten Spiele für das soziale Lernen; zu finden beispielsweise in: Röschmann, 111 – Spaß am Abend, Hamburg 1991; Wallenwein, Spiele: Der Punkt auf dem i, Weinheim und Basel 1995; Jokisch, Steiner Spielkartei, Münster 1994.

Verfahren zur Ideenfindung/Kreativitätstechniken

Hierbei handelt es sich um Verfahren, mit denen Gruppen bewusst ihr kreatives Potenzial zielgerichtet aktivieren können, zum Beispiel die »6-3-5-Methode«, das »Imaginäre Brainstorming«, der »Morphologische Kasten«, die »Semantische Intention«;
zu finden beispielsweise in: de Bono, Laterales Denken, Düsseldorf 1988; Schlicksupp, Kreativ-Workshop, Würzburg 1993; Wack/Detlinger/Grothoff, Kreativ sein kann jeder, Hamburg 1993; Gamber, Ideen finden, Probleme lösen, Weinheim und Basel 1996.

Verfahren zum Strukturieren von Ideen, Vorschlägen, oder Gedanken

Hierzu gehört das »Mind-Mapping«, das zunehmend auch in Gruppensitzungen Verwendung findet; siehe dazu: Lipp/Will, Das große Workshop-Buch, Weinheim und Basel 1996, oder Kirckhoff, Mind Mapping, Bremen 1996.

Verfahren zur Strukturierung von Informationen, zum Bewerten oder zum Herstellen von Beziehungen oder Abhängigkeiten sind beispielsweise das Ursachen- und Wirkungs-Fischgrätendiagramm, das Flussdiagramm, die Prioritätenmatrix oder das Kräftefelddiagramm; siehe dazu: Der Memory Jogger, Methuen 1994; Theden/Colsman, Qualitätstechniken, München 1996.

Verfahren zur Entscheidungsfindung

Kepner/Tregoe, Entscheidungen vorbereiten und richtig treffen, Landsberg am Lech 1992 oder Dierichs/Helmes/Schrader, Workbook – Ein Methoden-Handbuch als Anleitung zum aktiven Gestalten von Lernprozessen und Arbeitsprozessen in Gruppen, Hamburg 1996.

Kapitel 10
Notwendig und hilfreich: Visualisierungen während der Moderation

Erfolgreiche Moderationen schaffen sich oft ein besonderes Problem: Sie erzeugen in kurzer Zeit sehr viel Komplexität. Wenn alle Gruppenmitglieder sich aktiv am Arbeitsprozess beteiligen, dann entstehen sehr viele Meinungen, Ideen, Anregungen, kontroverse Standpunkte und Ergebnisse. Das engagierte Arbeiten vieler schafft viel Stoff. Damit davon in der Hektik des Arbeitens möglichst wenig untergeht und besonders Zwischen- und Endergebnisse nicht verloren gehen, wird in moderierten Sitzungen visualisiert.

Was wird visualisiert?

- Zielformulierungen, Vorgehensweisen, Spielregeln, Arbeitsfragen;
- Teil-, Zwischen- oder Endergebnisse, dies gilt auch für die Kleingruppenarbeit;
- offene Fragen, Konfliktpunkte;
- Vorschläge, über die entschieden werden soll, besonders wenn es mehr als drei sind und das Bearbeiten im Kopf nur noch mühsam gelingt;
- die Sammlung von Meinungen, Ideen, Standpunkten, Lösungsvorschlägen, die für das weitere Vorgehen von Bedeutung sind;
- Maßnahmen, Vorhaben, Pläne für die Zeit nach der Moderation;
- sowie letztlich alles, was aus Sicht der Gruppe oder des Moderators schriftlich oder bildlich festgehalten werden muss, weil es für die Zielerreichung und den Gruppenarbeitsprozess von Nutzen sein kann.

Mit anderen Worten: ein moderierter Arbeitsprozess ist immer auch ein visualisierter Arbeitsprozess. Aus Erfahrung empfehlen wir: Lieber mehr als weniger visualisieren.

Welche Medien werden eingesetzt?

Das **Flipchart**: Die visualisierten Informationen bekommen hohe plakative Wirkung, die Filzstifte sind besonders kontraststark, die einzelnen Blätter können abgehängt und für alle während des gesamten Prozesses gut sichtbar aufgehängt werden.

Die **Pinwand**: Anpinnen und Strukturieren von Karten jeder Größe, Form und Farbe. Zusätzlich kann die Pinwand auch als Flipchart genutzt werden. Ähnliche Visualisierungsmöglichkeiten wie die Karten auf der Pinwand bieten die unterschiedlich großen und farbigen »Klebestreifen« des Vistem-Systems.

Der **Overheadprojektor**: Auf den Folien kann mitgeschrieben werden. Anschließend dienen sie als Kopiervorlage für die Erstellung des Protokolls. Ein Nachteil: Ist die erste Folie einmal voll geschrieben und weicht der zweiten, verschwindet ihr Inhalt von der Bildfläche. Folien lassen sich nicht ganz so gut in Form einer Plakatgalerie im Arbeitsraum aufhängen wie die großen Flipchartblätter.

Das Problem des »Verschwindens« von Informationen stellt sich auch beim Einsatz von Tafeln – unabhängig davon, ob es sich um die alte, schwarze Schultafel oder die modernen weißen »Whiteboards« handelt. (Ausnahme: Copyboards, die die beschriebenen Flächen gleichzeitig kopieren). Aber auch damit lässt sich visualisieren, der Moderator muss nur sicherstellen, dass der Inhalt einer voll geschriebenen Tafel konserviert wird, zum Beispiel durch das Abfotografieren mit einer kleinen Kompaktkamera. Und als Ersatz für die Pinwand können die Karten auf der Tafeloberfläche mit etwas Kreppband befestigt werden.

Wie wird visualisiert? Die wichtigsten Grundregeln

Das einheitliche Layout

Damit die Teilnehmer jede Visualisierung auf einen Blick verstehen, empfiehlt es sich, den Aufbau und die Funktionen von Farben, Formen und Symbolen in allen Visualisierungen einheitlich zu verwenden: Beispielsweise werden alle Überschriften schwarz mit roter Unterstreichung, alle Hervorhebungen erster Ordnung rot, zweiter Ordnung grün, die Schrift schwarz oder blau.

Der einheitliche Einsatz von Formen und Farben gilt auch bei der Verwendung der Karten für die Pinnwand. So können den verschiedenen Farben und Formen auch eindeutige Funktionen zugeordnet werden. Beispielsweise können grüne Karten für das Notieren von Pro-Argumenten, rote dagegen für die Kontra-Argumente verwendet werden.

Die Überschrift

Jede Visualisierung braucht eine Überschrift, die knapp und schlagwortartig wiedergibt, was dargestellt werden soll. So können verschiedene Visualisierungen auf einen Blick unterschieden und der Inhalt der einzelnen Plakate, Folien oder Bilder schnell identifiziert werden.

Der Einsatz von Farben

Mit Farben können inhaltliche Aussagen der Visualisierung unterstützt und Wichtiges hervorgehoben werden. Für das Auge haben Farben starke Signal- und Gestaltungswirkung. Daher sollten sie gezielt und sparsam verwendet werden. Gleiche Farben wie auch gleiche Formen suggerieren einen engen Zusammenhang. Wenn verschiedene Elemente oder Aussagen in einer Visualisierung in der gleichen Farbe abgebildet sind, fasst das Auge sie unbewusst zu einer Gruppe zusammen.

Die Schriftgestaltung

Die Schrift muss ohne Anstrengung für alle Teilnehmer an der Gruppensitzung zu lesen sein. Jede Anstrengung des Auges, um zu klein oder undeutlich Geschriebenes zu entziffern, bedeutet zusätzliche Mühe und lenkt vom inhaltlichen Arbeiten ab.

Wie sollte die Schrift in Visualisierungen gestaltet sein?

Die Schriftgröße muss so gewählt werden, dass sie auch von der »hintersten Bank« aus ohne Mühe gelesen werden kann. Für Flipchart- und Pinnwand-Visualisierungen liegt die Mindestschriftgröße bei etwa 35 mm. Eine Faustregel für Folien besagt, dass die Schriftgröße mindestens fünf Millimeter betragen muss, um aus einer Entfernung von fünf Metern noch gut lesbar zu sein.

Folgende Vorschläge verhelfen zu einer lesbaren Handschrift bei Visualisierungen:

Die Regeln führen natürlich dann zum besten Ergebnis, wenn Visualisierungen in Ruhe vor Beginn der Veranstaltung vorbereitet werden. In der Hektik des Arbeitsprozesses dagegen fällt so mancher Moderator leicht wieder in seine normale Handschrift zurück. Trotzdem zeigt die Erfahrung, dass das Bemühen um groß-klein/eng-blockartig/nüchtern/sparsam in Ober- und Unterlängen langfristig zu einer deutlichen Verbesserung der individuellen Moderationsschrift selbst unter hektischen Bedingungen führt. Aber auch hier gilt: Übung macht den Visualisierungsprofi.

Übergänge: Wann ist Moderation sinnvoll?

Kapitel 11 Entscheidungskriterien für den Einsatz der Moderationsmethode

Das Aufkommen einer neuen Methode führt immer wieder dazu, dass ihr in der öffentlichen Debatte Zauberkräfte zugeschrieben werden: »Endlich das Werkzeug, mit dem man alle offenen Probleme wirkungsvoll behandeln kann.« So ergeht es gelegentlich auch der Moderationsmethode. Plötzlich muss alles moderiert werden, jede Besprechung, jede Konferenz. Statt Besprechungsleiter sollen in manchen Unternehmen jetzt Moderatoren ausgebildet werden. Es gibt Moderatoren-Workshops, und es gab sogar eine richtig große Moderationsmesse, auf der die »Moderationspäpste der ersten und zweiten Stunde« ihre Erkenntnisse und Erfahrungen zum Besten gaben. Dass eine pfiffige Industrie für alles die passende Hardware anbietet – vom Klebepunkt mit Herzchen bis zur vollständigen Ausstattung einer Konferenzzone –, versteht sich dabei von selbst.

Mittlerweile hat sich diese Anfangseuphorie etwas gelegt. Es hat sich herumgesprochen, dass die Moderationsmethode kein allein selig machendes Allheilmittel für die Betreuung aller denkbaren Arbeitsgruppen darstellt.

Für die Entscheidung, ob eine Sitzung moderiert werden soll oder nicht, lassen sich eine Reihe von Kriterien diskutieren.

Gestaltungs- und Entscheidungsspielraum

Das Thema, das moderiert werden soll, muss prinzipiell offen sein für neue, im Vorfeld nicht schon festgelegte oder entschiedene Meinungen und Lösungen.

Soll das (heimliche) Ziel einer Arbeitssitzung dagegen darin bestehen, einer schon vorher getroffenen Entscheidung den »letzten demokratischen

Anstrich« durch Behandlung in einer Arbeitsgruppe zu geben, ist die moderierte Sitzung in jedem Fall das falsche Mittel. Denn mit ihr können ja gerade neue, bisher noch nicht überlegte und dennoch Erfolg versprechende Ideen, Lösungsansätze oder Alternativen erarbeitet werden. Das Ergebnis einer moderierten Arbeitssitzung lässt sich inhaltlich nicht eindeutig vorherbestimmen, moderierte Arbeitsgruppen besitzen eine eigene Dynamik.

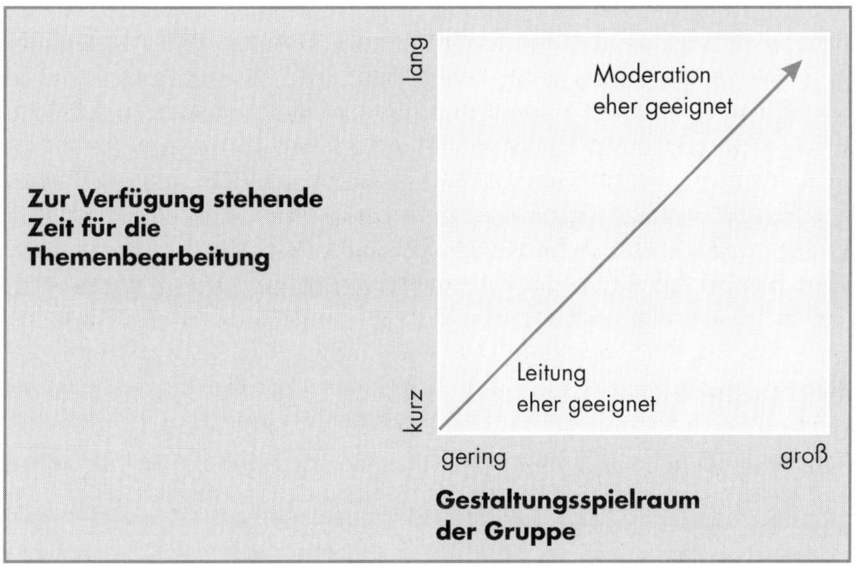

Zeit

Eine moderierte Arbeitssitzung benötigt einen gewissen zeitlichen Spielraum. Sie lässt sich nicht in 15 Minuten durchführen. Erfahrungsgemäß benötigen Sitzungen, in denen viele Teilnehmer aktiv mitarbeiten und sich entsprechend austauschen, mehr Zeit als Besprechungen, bei denen nur wenige reden und beispielsweise nach kurzen Informationsphasen mit Handzeichen abgestimmt wird. Die zur Verfügung gestellte Zeit für eine moderierte Sitzung muss dem Thema, dem Ziel und der

Gruppengröße angemessen sein. Die Zeitangaben in unserem Beispiel (Kapitel 8) und bei der Vorstellung der Verfahren (Kapitel 9) sollen einen Anhaltspunkt geben und bei der Planung erster eigener Moderationen helfen.

Gleiche unter Gleichen

In einer moderierten Sitzung sind – idealerweise – alle am Arbeitsprozess Beteiligten gleichwertig und gleichberechtigt. Dafür steht der Moderator und dazu dienen auch die Regeln der verschiedenen Moderationsverfahren. Wenn Vorgesetzte teilnehmen, sollten sie daher die Bereitschaft aufbringen, als grundsätzlich Gleiche unter Gleichen aufzutreten. Sie sollten zumindest »mit offenen Karten spielen« und beispielsweise zu Beginn einer Sitzung klar zum Ausdruck bringen, wie weit sie gehen wollen oder können und wo ihre Verantwortung, ihre Position, die Vorgaben, an die sie sich gebunden fühlen, oder ihr Selbstverständnis Grenzen setzen.

Gruppengröße

Erfahrungsgemäß liegt die günstigste Zahl bei sechs bis zwölf aktiven Teilnehmern. In besonders arbeitsintensiven oder in konfliktreichen Veranstaltungen mit Gruppen über zehn Teilnehmern bietet es sich an, mit zwei Moderatoren zu arbeiten. Es kann dann mit Kleingruppen gearbeitet werden, und die Moderatoren können zudem arbeitsteilig vorgehen. Der eine achtet dann mehr auf den Arbeitsprozess zur Zielerreichung, während der andere seinen Schwerpunkt auf die Begleitung des Gruppengeschehens legt. Beide können sich zudem bei der Erstellung von Visualisierungen unterstützen.

Großgruppen

Ob sich **Großgruppen** mit mehr als dreißig oder sogar fünfzig Teilnehmern moderieren lassen, haben die Moderationsprofis der ersten und zweiten Stunde natürlich versucht. Das Ergebnis waren viele, viele Karten und damit auch viele gute Ideen. Aber ein lebendiger, argumentationsreicher Austausch aller mit allen in einem Raum und über einen längeren Zeitraum ist in solchen Großveranstaltungen äußerst schwierig.

Für Großgruppen bietet sich ein gestaffeltes Vorgehen an

In der **Großgruppe:**
- ❖ Einstieg in die Gesamtveranstaltung,
- ❖ Anlass, Hintergründe,
- ❖ Vorstellen des Ziels,
- ❖ Vorstellen des Ablaufs,
- ❖ Vorstellen der Kleingruppenszenarios.

In den **Kleingruppen:**
- ❖ Vereinbaren des Ziels der Kleingruppenarbeit,
- ❖ Ablauf der (moderierten) Kleingruppensitzung,
- ❖ Durchführung der Moderation,
- ❖ Vorbereiten der Präsentation im Plenum oder
- ❖ Vorbereiten eines Informationsmarktes mit Plakaten für die anderen Teilnehmer.

In der **Großgruppe:**
- ❖ Zusammenführen der Ergebnisse,
- ❖ Bilden neuer Szenarien für Kleingruppen oder
- ❖ Abschluss der Veranstaltung.

Infrastruktur

Ein Raum, in dem ungestört gearbeitet werden kann (Handy-frei!), etwas Technik, um visualisieren zu können, Möglichkeiten zur Pausengestaltung, leichte Mahlzeiten, ausreichend Wasser, Kaffee oder Tee. Am besten eine kreative, zum Nachdenken, Experimentieren und entspanntem Arbeiten animierende Umgebung. Je passender diese Rahmenbedingungen, desto Erfolg versprechender das Arbeiten. Vieles lässt sich planen, vorbereiten, organisieren – und doch: den Enkeln wird man später von der moderierten »Sitzung« erzählen, die nach einer Flugzeugnotlandung mit allen zehn Überlebenden mitten im tropischen Regenwald stattfand, zum Thema »Wie kommen wir alle an Leib und Psyche heil und unbeschadet möglichst schnell hier wieder heraus?« Und das Ganze nachts auf einer kleinen Sandbank, voller Angst vor Krokodilen, Schlangen, Fleisch fressenden Pflanzen, mit einer zufällig mitgeflogenen Moderatorin, völlig im Sinne der Philosophie, hierarchiefrei, engagiert, zielgerichtet und mit Visualisierungen auf den Bordkarten. Und erfolgreich.

Und letztlich ...

Die Erfahrungen in der Praxis zeigen: Fast alle wollen das Leiten lernen, das Beeinflussen, das Steuern von anderen Menschen. Und früh haben sie mit dem Training dazu begonnen: als Kleinkind mit Geschwistern, Freundin und Freund im Sandkasten, auf dem Fußballplatz, im Turnverein, beim mehr oder minder großen Schulstreik, beim Militär, beim zivilen Ersatzdienst oder an der Uni im Frauenreferat und schließlich im beruflichen Alltag, in der Familie oder an der Theke. Überall galt und gilt als mehr oder weniger heimliches Prinzip: »Bringe dich mit deinen Interessen, deinen Inhalten ein, und setze dich möglichst durch.« Für den Moderator gilt dieses Prinzip nicht. Und diese andere Art des Begleitens von Menschen bei ihrer Arbeit, diese konsequente Verantwortung für die methodische Begleitung des Prozesses muss erst einmal gelernt werden. Mit anderen Worten: Eine gelingende moderierte Sitzung braucht einen Moderator oder eine Moderatorin, der oder die ihr Handwerkszeug gelernt hat und sich bemüht, die Grundregeln der Moderation anzuwenden und »tapfer« durchzuhalten.

»Das klingt ja alles schön und weihevoll ermutigend. Meiner Meinung nach ist eine wichtige Voraussetzung für eine Moderation die Bereitschaft der Gruppenmitglieder, sich auf ein solches Vorgehen einzulassen. Was ist daher, wenn die Gruppe die Moderationsmethode verdeckt oder sogar offen ablehnt?«

»Wenn die Gruppe die Moderationsmethode offen ablehnt, kann eine Moderation nicht stattfinden. Spüre ich als Moderatorin eine verdeckte, heimliche Ablehnung, dann versuche ich herauszufinden, wogegen sich die Einwände konkret richten. Ich spreche das Thema an. Ich will wissen, was es genau ist, wogegen sich eine mögliche Ablehnung richtet. Dann kann ich argumentieren, Hintergründe verdeutlichen und für Verständnis werben. Aber – und das ist mir jetzt ganz wichtig – eine verdeckte Ablehnung der Methode habe ich so gut wie noch nie erlebt. Sie kommt in der Praxis wohl kaum vor. Und selbst eine offene Ablehnung der Moderation ist eher die Ausnahme.«

Kapitel 12
Partnerin des Moderators: Die Gruppe

»Bisher haben wir viel über die Moderationsmethode und, eng damit zusammenhängend, über Ihre Rolle als Moderatorin erfahren. Wie sieht es dann aber mit den Gruppenmitgliedern aus? Wie sollten wir uns zum Beispiel in einer weiteren moderierten Sitzung mit Ihnen verhalten, damit diese Moderation gelingen kann?«

»Je engagierter Sie alle als Gruppenmitglieder sind und je mehr Sie alle Ihre inhaltliche Verantwortung ernst nehmen, desto mehr kommt dabei heraus. Das ist das eine. Das andere: Es sollten zwischen Ihnen in der Gruppe die Regeln für eine zielgerichtete Gesprächsführung gelten. Das bedeutet: Sie sollten einander aktiv zuhören. Sie sollten wirklich zu verstehen versuchen, was der andere mit seiner Aussage gemeint hat. Auf diese Aussage sollten sie sich dann mit der eigenen Aussage beziehen. Sie sollten sich also bemühen, miteinander zu reden und nicht nebeneinander her und aneinander vorbei. Zehn Monologe, hintereinander gehalten und ohne Verbindung miteinander, machen ein Kneipengespräch aus, aber keine zielgerichtete Diskussion.«

»Und wenn es hart auf hart geht?«

»Eine für alle anstrengende Situation, denn dann sind ja Gefühle besonders intensiv mit im Spiel. Als sehr hilfreich erlebe ich folgende Regel: Wenn ich als Teilnehmerin jemandem widersprechen will, versuche ich erst einmal zu verstehen, was der andere überhaupt gemeint hat. Ich wiederhole zunächst mit eigenen Worten, was ich beim anderen verstanden habe. Erst dann beginne ich mit meiner alternativen Sichtwei-

se. Und noch etwas: Es hilft bei der Auseinandersetzung und es öffnet den anderen für meine Argumente, wenn ich zuerst beschreibe, was ich an seiner Ansicht teile, wo wir übereinstimmen. Dann fällt es dem anderen vielleicht etwas leichter, auch mir zuzuhören – nicht unbedingt zuzustimmen – bei dem, was ich anders sehe. Nur, und das ist wichtig, diese partielle Zustimmung muss auch stimmen, ich muss mich wirklich bemühen, Gemeinsamkeiten zu erkennen und diese zu benennen. Das im Alltag übliche 'Ja, aber ...' reicht da nicht aus.«

»Das heißt, wenn ich meinen Einwand beginne mit 'Sehe ich auch so, aber ...' oder 'Vollkommen recht, was Sie sagen, nur ...' wende ich diese Form nur scheinbar an und mache mir eigentlich nicht die Mühe, nach Gemeinsamkeiten zu suchen?«

»Ja, das erlebe ich selbst so, wenn ich mit derartigen Floskeln konfrontiert werde. Noch ein anderer Punkt ist mir wichtig: Klappt in einer Moderation die Kommunikation, dann reden die Teilnehmer miteinander. Sie schauen einander an und nicht mich als Moderatorin. Die Wortbeiträge sind dabei direkt an die jeweils anderen Gruppenmitglieder gerichtet. Eine Moderation kann nicht gelingen, wenn die Teilnehmer ausschließlich zu mir als Moderatorin reden. Das bedeutet natürlich auch, dass ich als Moderatorin nicht alle Wortbeiträge an mich ziehen darf. Das ist manchmal gar nicht so einfach.«

»Und wie können Sie als Moderatorin uns als Gruppe helfen, ein solches, zielgerichtetes Verhalten einzuüben?«

»Nun, als Moderatorin kann ich bei der Formulierung und Vereinbarung entsprechender Regeln unterstützend wirken. Ich kann auch einzelne Regeln selbst formulieren und anbieten. Immer wenn es zu Störungen kommt, die den Prozess behindern, kann ich der Gruppe ihr Verhalten spiegeln, auf die Regeln hinweisen oder an dieser Stelle die Einführung einer neuen Regel anbieten. Aber: Meine Aufgabe in einer moderierten Sitzung ist es

nicht, kommunikatives Verhalten zu trainieren – das machen beispielsweise die Autoren dieses Buches in speziellen Trainings oder bei komplexen Prozessberatungen – meine Aufgabe ist es, die Gruppe mit Hilfe der Moderation auf dem Weg zur Zielerreichung zu begleiten und zu unterstützen.«

Kapitel 13
Lehr- und Wanderjahre: Wie werde ich Moderator?

Zuerst einmal: Wann macht es Sinn, und wer sollte sich ausbilden lassen?

Soll in einem Unternehmen die Moderation als regelmäßiger Bestandteil der Besprechungs- und Gruppenarbeitskultur eingeführt werden, muss sichergestellt sein, dass es Mitarbeiter gibt, die diese Methode kompetent beherrschen. Soll dagegen nur gelegentlich und nur zu besonderen Ereignissen moderiert werden, dann genügt es, wie in unserem Beispiel, einen externen Moderator einzuladen.

Entscheidet sich das Unternehmen für den Einsatz eigener Mitarbeiter als (gelegentliche) Moderatoren, so empfiehlt es sich, einzelne Kolleginnen und Kollegen aus unterschiedlichen Abteilungen ausbilden zu lassen. Diese Mitarbeiter können dann nach Absprache Sitzungen jeweils anderer Abteilungen moderieren. Ein Mitarbeiter aus dem Vertrieb wird dann beispielsweise eine Brainstorming-Sitzung in der Entwicklungsabteilung, eine Mitarbeiterin aus der Produktion eine Entscheidungsvorbereitung mit Teilnehmern aus Marketing und Vertrieb moderieren. So lässt sich das Prinzip der inhaltlichen Unparteilichkeit relativ unproblematisch verwirklichen.

Das Unternehmen schafft sich so einen Pool von ausgebildeten und nach einiger Zeit auch praxiserfahrenen Moderatoren, die moderierte Sitzungen kurzfristig und professionell durchführen können. Um einen unternehmenseinheitlichen Standard in der Moderation zu erhalten, kann die Ausbildung aller internen Moderatoren gemeinsam erfolgen.

Die Lehrjahre: Bausteine einer systematischen Ausbildung

Eine systematische und profunde Ausbildung zeichnet sich dadurch aus, dass sie die in diesem Band vorgestellten Inhalte des »Werkszeugkoffers« mit denen des »Prozesskoffers« auf dem Fundament inhaltlicher Unparteilichkeit und personenbezogener Neutralität verbindet. Daraus ergeben sich eine Reihe von wichtigen Ausbildungs-Bausteinen:

Kommunikative Fähigkeiten

Dazu gehören

- Fertigkeiten, die den Kontakt zwischen den Teilnehmern herstellen und die Arbeitsbereitschaft der Gruppe sichern und erhalten wie »Wiederholen und Zusammenfassen«, »Spiegeln«, »Fragetechniken«, sowie
- Fertigkeiten, die Störungen in der Zusammenarbeit vermeiden oder offen legen wie beispielsweise »Konfliktsignale erkennen und als Wahrnehmung ansprechen«.

Moderationsverfahren

Die in diesem Buch beschriebenen Verfahren sollten in der Ausbildung ausführlich geübt werden, um sicher entscheiden zu können, für welche Arbeitsschritte, mit welcher Zielrichtung und in welcher Variation einzelne Verfahren eingesetzt werden können. Darüber hinaus sollten geübte Moderatoren in der Lage sein, andere Gruppenarbeitsverfahren (beispielsweise aus der Kreativitätstechnik) moderationsgerecht aufzubereiten und durchzuführen.

Visualisierungstechniken/Medieneinsatz

Funktion und Grundregeln des Visualisierens; Umgang zumindest mit Pinwand, Flipchart und Folien als Hilfsmittel in der Moderation; Einüben des situationsangemessenen Visualisierens während des gesamten Moderationsprozesses.

Erfahrungs- und Praxisorientierung

Die Ausbildung sollte sich an den Erfahrungen und an der konkreten Praxis der zukünftigen Moderatoren orientieren. Das bedeutet, dass die Teilnehmer im Training mit Situationen aus ihrer betrieblichen Praxis arbeiten. Das bedeutet aber auch, dass im Training die unternehmensspezifschen Besonderheiten behandelt werden, die die Teilnehmer bei der Anwendung der Moderationsmethode in ihrem Berufsalltag erwarten und/oder befürchten.

Möglichkeiten zum Üben

Die Ausbildung muss allen Teilnehmern die Möglichkeit geben, mehrere Moderationsabläufe selbst zu planen und durchzuführen. Nur so ist es möglich, die Haltung und das spezifische Verhalten des Moderators zu erleben.

Umfang der Ausbildung

Nach unserer Erfahrung mit der Ausbildung von Moderatoren in unterschiedlichen Unternehmen ist ein zweiteiliges Seminar ein sinnvoller Einstieg. Dabei werden im ersten Teil sämtliche Grundlagen behandelt (Basis und Koffer des Moderators) sowie Übungen in ersten selbst gestalteten Moderationen angeboten. Zum zweiten Teil (drei bis sechs Monate später) bringen die Teilnehmer erste Erfahrungen, erlebte Schwierigkeiten und Erfolge, Fragen sowie aktuelle Fälle und Situationen mit, mit denen sie arbeiten wollen. Dieser Teil dient der Vertiefung und der intensiven Beratung der Einzelnen bei persönlichen Schwierigkeiten und Lernerfahrungen.

Spätere Vertiefungsseminare können sich beispielsweise mit Besonderheiten bei der Moderation von Konflikt-Workshops oder dem Umgang mit Störungen und »schwierigen« Gruppen(mitgliedern) beschäftigen.

Die Wanderjahre – Praxis macht den Meister

Die Wanderjahre finden im betrieblichen Alltag statt über Moderationen in den verschiedenen Abteilungen des Unternehmens. Sie bestehen in der Anwendung des Gelernten und in der Auswertung der dabei gemachten Erfahrungen. Dazu braucht man immer wieder Rückmeldungen von Beteiligten und Auftraggebern. Möglich ist auch ein spezielles Moderatoren-Coaching, bei dem externe Experten erste Praxisschritte begleiten oder bei der Bewältigung schwieriger Moderationsaufgaben unterstützen.

Auf einen Blick: Checklisten für die Praxis

Checkliste	Vorbereitung einer moderierten Arbeitssitzung
Checkliste	Ablauf einer moderierten Arbeitssitzung
Übersicht	Die gebräuchlichsten Verfahren für moderierte Arbeitssitzungen

Die nachfolgenden Checklisten verfolgen zwei Ziele:

- Sie dienen als **Zusammenfassung** der wichtigsten, in diesem Buch behandelten Schritte zur Vorbereitung und zum Ablauf einer Moderation. Damit sollen Ihnen als Leserin und Leser noch einmal die Kernaussagen in Erinnerung gerufen werden, um Ihnen den Einstieg in die Moderationspraxis zu erleichtern.
- Darüber hinaus sollen die Checklisten all denen als **Arbeitshilfe** bei der Vorbereitung und Durchführung der eigenen Moderation dienen, die das Buch zwar gelesen, die anstehende Moderation aber erst einige Zeit danach durchführen werden. Sie müssen dann nicht wieder den gesamten Text durcharbeiten, sondern können mit Hilfe der Checklisten sehr schnell in die praktische Arbeit einsteigen.

Ein Tipp: Kopieren Sie sich die Checklisten für die Vorbereitung Ihrer nächsten Moderation. Die Kästchen ☐ vor den einzelnen Punkten dienen zum Ankreuzen, wenn Sie den Punkt oder die Frage dahinter durchdacht oder berücksichtigt haben.

Checkliste
Vorbereitung einer moderierten Arbeitssitzung

Die folgenden Vorschläge sind bewusst ausführlich formuliert. Sie dienen als Anregung für das eigene Vorgehen. Allerdings ist nicht jeder Gesichtspunkt für jede moderierte Sitzung auch relevant!

Das Thema und die Hintergründe

- ☐ Wie lautet das Thema, das in der Sitzung behandelt werden soll?
- ☐ Wie sieht die Vorgeschichte der moderierten Sitzung aus? Was davon hat Einfluss auf die weitere Planung und die Durchführung der Moderation?
- ☐ Wer hat die Moderation veranlasst, wer ist Auftraggeber? Wie sehen die Interessen des Auftraggebers aus, wo kann mit Unterstützung, wo muss mit Schwierigkeiten gerechnet werden?
- ☐ Wie kann die Unterstützung des Auftraggebers für die spätere Umsetzung der Arbeitsergebnisse gesichert werden?
- ☐ In welche aktuell stattfindende Gesamtmaßnahme (Organisationsentwicklungs-, Personalentwicklungsprojekt etc.) ist die zu moderierende Sitzung eingebettet? Was bedeutet das für die Zielsetzung, Auswahl der Teilnehmer sowie für die Umsetzung der erarbeiteten Ergebnisse in die betriebliche Praxis?

Das Ziel

- ☐ Leitfrage: »Was soll die Gruppe am Ende der Arbeitssitzung in Bezug auf das Thema der Sitzung erreicht haben?«
- ☐ Ist das Ziel vom Auftraggeber vorgegeben, oder soll es von der Gruppe eigenständig festgelegt werden?
- ☐ Worum geht es konkret bei dem Ziel?

  Sollen:
  - Informationen gesammelt,
  - die Informationen in einer bestimmten Form bearbeitet,
  - Lösungsvorschläge, Maßnahmen, Vorgehensweisen entwickelt werden *oder*
  - in der Sitzung konkrete Entscheidungen gefällt werden?

  Wie genau sieht also der Entscheidungsspielraum der Gruppe aus?
- ☐ Wie realistisch ist die Zielerreichung?
- ☐ Wie viel Zeit wird die Gruppe voraussichtlich brauchen, um das vorgesehene Ziel zu erreichen?

Die Teilnehmer

- ☐ Wer sind die Teilnehmer an der Arbeitssitzung?
- ☐ Wie sehen die Interessen und die Einstellungen der Teilnehmer an der Sitzung aus?
- ☐ Wo liegen mögliche »Knackpunkte«, wo können auf der Sachebene oder der persönlichen Ebene Konflikte entstehen?
- ☐ Wie vertraut ist den Teilnehmern die Moderationsmethode?

Die Einleitung in die moderierte Sitzung

- ☐ Wie begrüße ich die Teilnehmer?
- ☐ Wie stelle ich Anlass und Hintergrund der Sitzung dar?
- ☐ Wie erläutere ich den Teilnehmern die Besonderheiten einer moderierten Sitzung?
- ☐ Wie erkläre ich den Teilnehmern die Besonderheiten der Rolle des Moderators?
- ☐ Wie stelle ich das Ziel (oder die einzelnen Teilziele) der Sitzung dar?

  oder
- ☐ Wie unterstütze ich die Gruppe bei der Zielfindung und -formulierung?
- ☐ Wie erfasse ich die Stimmungen in der Arbeitsgruppe und erreiche, dass mögliche Störungen vor dem Einstieg in das Arbeiten bearbeitet oder geparkt werden?
- ☐ Wie erfasse ich die Erwartungen der Teilnehmer an die moderierte Sitzung und gleiche sie mit dem Ziel der Veranstaltung ab?
- ☐ Welche Spielregeln für den Umgang miteinander möchte ich anbieten und mit der Gruppe vereinbaren?
- ☐ Wie stelle ich den von mir angedachten Ablauf und den Zeitrahmen der gesamten Sitzung vor?
- ☐ Wie viel Zeit will ich mir für die zu beantwortenden Fragen in der Einleitung nehmen?
- ☐ …
- ☐ …

Der Hauptteil der moderierten Sitzung

- ☐ Welche Arbeitsschritte biete ich der Gruppe zur Bearbeitung des Ziels an?
- ☐ Welche Moderationsverfahren schlage ich der Gruppe für die Bearbeitung der einzelnen Arbeitsschritte vor?
- ☐ Wie lauten die konkreten Arbeitsfragen und spezifischen Ziele für die einzelnen Arbeitsschritte, die ich anbieten werde?
- ☐ Wie visualisiere ich Ziele, Spielregeln und Arbeitsfragen der verschiedenen Moderationsverfahren?
- ☐ Wie organisiere ich die Ergebnissicherung einzelner Arbeitsschritte?
- ☐ Wie viel Zeit benötigt die Gruppe erfahrungsgemäß für die einzelnen Schritte?
- ☐ …
- ☐ …
- ☐ …

Der Schlussteil der moderierten Sitzung

- ☐ Wie gestalte ich den Aktionsplan/Maßnahmenplan für das weitere Vorgehen im Anschluss an die Sitzung?
- ☐ Was kann ich der Gruppe an Methoden anbieten, damit vereinbarte Maßnahmen in der Praxis eine möglichst hohe Realisierungschance haben und nicht schon nach wenigen Tagen als Luftblasen zerplatzen?
- ☐ Mit welchem Verfahren und welcher Fragestellung biete ich der Gruppe eine mögliche Stimmungsabfrage nach Beendigung der inhaltlichen Arbeit an?
- ☐ Wie gestalte ich den Abgleich der anfänglichen Erwartungen der Teilnehmer mit den erzielten Ergebnissen?
- ☐ Welche Fragestellung biete ich der Gruppe für die Rückmelderunde zur moderierten Sitzung und zu meiner Tätigkeit als Moderator an?
- ☐ Wie verabschiede ich mich von der Gruppe?
- ☐ Wie viel Zeit plane ich für den gesamten Abschlussteil der Sitzung ein?
- ☐ ...

Wichtig: Visualisierungen!

- ☐ Zu welchen Arbeitsschritten oder Verfahren muss ich Visualisierungen vorbereiten? (Vorbereitete Visualisierungen bieten sich für das Ziel, die Regeln oder für einzelne Verfahren und die dazu vorbereiteten Arbeitsfragen an.)

Die Rahmenbedingungen

- ☐ Eignet sich der Raum nach Größe und Ausstattung für die Sitzung? Was muss verändert oder ergänzt werden? Wie können mögliche Störungen von außen ausgeschlossen werden?
- ☐ Was wird für das körperliche Wohlbefinden getan (Pausenmöglichkeiten, Getränke, Mahlzeiten)?
- ☐ Welche Visualisierungsmöglichkeiten und Medien sind vorhanden, welche muss ich organisieren?
- ☐ Welche Arbeitsmittel (Stifte, Karten, Papier, Folien, Nadeln, Klebepunkte etc.) sind vorhanden, welche muss ich organisieren?

Die Einladung

- ☐ Wer soll eingeladen werden?
- ☐ Welche Informationen für ein Einladungsschreiben benötige ich noch?
  - Anfangszeit und vorgesehene Dauer der Veranstaltung,
  - Ort/Adresse,
  - Hintergrund und Anlass,
  - Ziele (soweit schon bekannt),
  - Ablauf/Tagesordnung (soweit schon bekannt).

Zur persönlichen Orientierung – die Grundausrüstung für eine Moderation:

- ☐ Verschiedenfarbige Pinwandkarten oder Karteikarten als Rechtecke, Quadrate, große oder kleine Kreise, Ovale oder Wolken in ausreichender Menge;
- ☐ Filzschreiber für Textformulierungen in unterschiedlichen Farben (mitteldick, zum Beispiel Edding Nr. 1 oder 500, Faber Castell), pro Teilnehmer mindestens ein Stift;
- ☐ dicke Filzschreiber für Überschriften in rot, blau, schwarz und grün (zum Beispiel Edding 800);
- ☐ Tesakreppband, um Plakate an den Wänden zu befestigen;
- ☐ Klebematerial als Stifte oder Roller, fest haftend oder löslich, um die Karten an die Pinwände zu befestigen;
- ☐ alternativ einen ungiftigen und FCKW-freien Sprühkleber;
- ☐ alternativ dazu Pin-Nadeln (mehrere Schachteln);
- ☐ Klebepunkte (eine Farbe reicht aus);
- ☐ Papierschere;
- ☐ kleiner Fotoapparat;
- ☐ je nach technischer Ausstattung der Räume: Overheadfolien und Folienstifte.
- ☐ …
- ☐ …
- ☐ …

Checkliste
Ablauf einer moderierten Arbeitssitzung

Der hier vorgeschlagene Fahrplan stellt eine von vielen Möglichkeiten für den Einstieg, den Verlauf und den Ausstieg aus einer moderierten Gruppenarbeitssitzung dar. Je nach Vorkenntnissen der Gruppe, beispielsweise über die Moderationsmethode oder die Person des Moderators, oder auch je nach Wissensstand über das aktuelle Thema und das zu erreichende Ziel ergeben sich für die Praxis eine Vielfalt von unterschiedlichen Gestaltungsmöglichkeiten.

Begrüßung, persönliche Vorstellung

- ☐ Mögliche Verfahren für die »Anwärmphase«, den Bau von Beziehungsbrücken, das Ankommen auf der Gefühlsebene: Ein-Punkt-Abfrage, Blitzlicht, spielerische Verfahren zur persönlichen Vorstellung von Teilnehmern, die sich untereinander nicht kennen.

Anlass und Hintergrund der Gruppenarbeit

- ☐ Warum findet die Sitzung statt?
- ☐ Eventuell Hinweise zur Vorgeschichte.
- ☐ Warum wurde die Moderationsmethode gewählt?

Kurzdarstellung der Moderationsmethode und der Rolle des Moderators

- ☐ Leistungen und Grenzen der Moderation darstellen.
- ☐ Inhaltliche Unparteilichkeit des Moderators klarstellen und begründen – Methodenverantwortung des Moderators ansprechen.
- ☐ Spielregel- und Zeitmitverantwortung der Gruppe ansprechen.
- ☐ Wichtiger Hinweis: die Verantwortung für die Inhalte trägt die Gruppe.

Bereitschaft der Gruppe abklären, sich auf die Moderationsmethode und die Person des Moderators einzulassen

- ☐ Bei Unklarheiten weitere Informationen anbieten.
- ☐ Bei Widerständen mit den Leistungen der Methode werben, unter Umständen Angebot zur Moderation zurücknehmen.
- ☐ Unbedingt beachten: Eine Moderation kann nur gelingen, wenn der anwesende Moderator von allen Gruppenmitgliedern der Arbeitssitzung in seiner Rolle grundsätzlich akzeptiert wird.

Zeitrahmen für die gesamte Sitzung vereinbaren

- ☐ Die Zeitmarken visualisieren.

Das zu Beginn der Sitzung vorliegende Ziel für die moderierte Sitzung vorstellen und abklären

- ☐ Die Gruppe kann entscheiden, ob dieses Ziel noch gilt oder in welcher Form es abgeändert oder erweitert werden soll.
- ☐ Die Gruppe muss sich auf ein Ziel einigen; für den weiteren Arbeitsprozess muss ein für alle Teilnehmer verständliches und verbindliches Ziel gelten.

Alternative:

- ☐ Das Ziel der Sitzung durch die Gruppe erarbeiten und formulieren lassen.

Einführung in das Thema

- ☐ Gleichen Informationsstand für alle Gruppenmitglieder herstellen.
- ☐ Für alle sichtbar visualisieren.
- ☐ Experteneinsatz koordinieren und begleiten.

Stimmungen der Gruppenmitglieder abfragen/abbilden

- ☐ Erstellen eines themenbezogenen Stimmungsbildes (beispielsweise durch Blitzlicht, Ein-Punkt-Abfrage).
- ☐ Folgerungen für das weitere Arbeiten mit der Gruppe abstimmen.

Erwartungen der Gruppenmitglieder

- ☐ Mögliche Verfahren für die Erwartungsabfrage: Zuruf-Antwort-Verfahren, moderierte Diskussion.
- ☐ Sammlung und Abgleich der Erwartungen: Wie vertragen sich die Erwartungen mit
  - dem Ziel,
  - dem Zeitrahmen,
  - der Tagesordnung?

Spielregeln

- ☐ Bedeutung und Funktion von Spielregeln erläutern.
- ☐ Die Gruppe darin unterstützen, eigene Spielregeln zu vereinbaren.
- ☐ Möglicherweise Spielregeln anbieten.

Eine Struktur für den Ablauf der Sitzung vorschlagen

- ☐ Eine Gesamtstruktur vorschlagen.
- ☐ Einzelne Moderationsverfahren anbieten.

Darstellung des ersten Arbeitsschrittes und des ersten Verfahrens

- [ ] Begründen, warum ein bestimmtes Verfahren durchgeführt werden soll.
- [ ] Ziel des Verfahrens vorstellen.
- [ ] Ablauf des Verfahrens, die einzelnen Schritte und die besonderen Verfahrensregeln vorstellen.
- [ ] Zeiten vorgeben/vereinbaren.
- [ ] Die konkrete Arbeitsaufgabe stellen; die Arbeitsfrage formulieren.
- [ ] Das Verständnis bei den Teilnehmern sichern.

Abarbeiten des angelegten Fragenspeichers

- [ ] Wie will die Gruppe mit den gesammelten Fragen weiter verfahren?

Aktionsplan/Maßnahmenplan

- [ ] Wie sieht das inhaltliche Ergebnis der Gruppenarbeit aus?
- [ ] Welche Entscheidungen wurden getroffen?
- [ ] Was geschieht konkret nach der Sitzung?
- [ ] Wer macht was, bis wann, mit welcher Unterstützung und wie?
- [ ] Woran kann erkannt/»gemessen« werden, ob die Maßnahme erfolgreich war?
- [ ] Gibt es ein Folgetreffen? Wann, wo, mit wem?

Abschließende Stimmungsabfrage

- [ ] Mögliche Verfahren: Punkt-Abfrage, Blitzlicht.

Abgleich der Erwartungen der Gruppenmitglieder

- [ ] Abgleich der Ergebnisse der Sitzung mit den eingangs gesammelten Erwartungen. Mögliche Fragestellung: Welche Erwartungen wurden erfüllt, welche nicht? Was folgt daraus für das weitere Vorgehen?

Beenden der Moderation

- [ ] Zusammenfassende Beschreibung der gesamten Gruppenarbeit.
- [ ] Moderation für beendet erklären.

Rückmeldungen zur erlebten Moderation

- [ ] Mögliche Fragestellung an die Gruppenmitglieder und den Moderator: Was hat mir an der Moderation/an der Moderationsmethode gefallen und sollte beim nächsten Mal genauso gemacht werden?
- [ ] Was hat mir weniger gefallen, was konkret sollte beim nächsten Mal anders gemacht werden?

Elf Verhaltensregeln für einen pfiffigen Moderator:

Der Moderator

- stellt seine eigenen Ziele, Wertungen und Meinungen zurück. Er bewertet weder Meinungsäußerungen noch Verhaltensweisen. Es gibt für ihn inhaltlich kein »richtig« oder »falsch«. Er konkurriert nicht mit den Teilnehmern um Sachfragen;
- nimmt alle Teilnehmer ernst, zeigt allen gegenüber die gleiche Wertschätzung, bevorzugt oder benachteiligt niemanden;
- achtet darauf, dass alle ihre Meinung, Ideen und Ansichten vertreten können;
- sorgt dafür, dass auch die Ruhigen, Stillen und eher Schweigsamen Gelegenheit bekommen, am Arbeitsprozess aktiv teilzunehmen;
- hat ständig das Ziel der Sitzung oder einzelner Phasen im Auge und signalisiert der Gruppe Abweichungen vom Weg zur Zielerreichung;
- ermutigt die Gruppe, Regeln für einen fruchtbaren Umgang miteinander zu vereinbaren;
- fasst alle Äußerungen der Gruppe als Signale auf, die ihm helfen, den Gruppenprozess zu verstehen. Er versucht, der Gruppe das eigene Verhalten bewusst zu machen, sodass die Mitglieder mit Störungen und Konflikten angemessen umgehen können;
- nimmt eine fragende Haltung ein und keine behauptende. Durch Fragen aktiviert und öffnet er die Gruppe für den Gedankenaustausch untereinander;
- hört überwiegend zu und spricht wenig selbst. Er versucht, den Austausch und die Diskussion zwischen den Gruppenteilnehmern zu unterstützen. Aber: Nicht er steht im Mittelpunkt, sondern die Kompetenz der Teilnehmer, das Thema und das Ziel;
- wiederholt den Teilnehmern das, was gerade an Äußerungen, Themen, Meinungen in der Gruppe existiert, immer dann, wenn er dadurch den Arbeitsprozess erleichtern, transparent machen oder vorantreiben kann;
- visualisiert, visualisiert, visualisiert.

Übersicht
Die gebräuchlichsten Verfahren für moderierte Arbeitssitzungen

Was ...	**... ist wozu besonders geeignet:**	**Was ist bei der Durchführung besonders zu beachten?**
Blitzlicht	Zur momentanen Stimmungsfeststellung Zur Klärung der Ausgangsbasis in Krisensituationen	Auf Einhaltung der Spielregeln achten, vor allem: »Kein Kommentar zu den gemachten Aussagen«
Ein-Punkt-Abfrage	Zum spontanen Feststellen von Stimmungen, Meinungen, Tendenzen Ermöglicht erste Problem- und Themenorientierung	Nicht »zerreden« Aussagen der »Auswerterunde« visualisieren Vorsicht: nutzt sich schnell ab, sparsam verwenden
Karten-Antwort-Verfahren und **Gruppenbildungs-verfahren** (Klumpen, Clustern)	Zum breiten, unbewerteten und anonymen Sammeln von Meinungen, Kenntnissen, Erfahrungen Erster Schritt einer vertiefenden und detaillierten Problem-/Themenbearbeitung	Soweit wie möglich Anonymität der Kartenschreiber wahren Beim Klumpen auf zügiges Vorgehen achten
Zuruf-Antwort-Verfahren	Zum breiten, unbewerteten Sammeln von Meinungen, Kenntnissen, Erfahrungen Als schneller Einstieg in die Problem-/Themenbearbeitung	Gruppe sollte bereits etwas miteinander vertraut sein Kommentierungen und Diskussion der einzelnen Beträge während der Sammlung vermeiden
Gewichtungs-verfahren	Alle Teilnehmer sollen gleichberechtigt Reihenfolgen festlegen, Anforderungsprofile erstellen, Alternativen bewerten, Dringlichkeiten/Prioritäten bestimmen.	Die Konsequenzen der Gewichtung müssen der Gruppe im Vornherein klar sein Die Arbeitsfrage, nach der gewichtet werden soll, muss eindeutig und verständlich formuliert sein
Moderierte Diskussion	Zur intensiven, zielgerichteten Diskussion der Teilnehmer untereinander	Am Thema, an der Ausgangsfragestellung bleiben Möglichst viel visualisieren

Übersicht
Die gebräuchlichsten Verfahren für moderierte Arbeitssitzungen

Was ...	**... ist wozu besonders geeignet:**	**Was ist bei der Durchführung besonders zu beachten?**
Kleingruppenarbeit mit Szenarien	Um die Themenbearbeitung in die Tiefe zu ermöglichen Um Spezialwissen zu einem Thema zusammenzutragen (arbeitsteilige Gruppenarbeit)	Arbeitsszenarien themenbezogen und zielgerichtet vorbereiten und anbieten Art der Präsentation im Voraus bekannt geben
Brainstorming	Zur Förderung des kreativen Potenzials aller Teilnehmer bei der Suche nach Ideen für Problemlösungen	Vor allem auf die Einhaltung der Spielregeln achten: – »Masse vor Klasse«, – »keine Kritik/Bewertung«, – »kein Copyright«, – »Spinnen« ist erlaubt Brainstorming-Sitzungen erzeugen eine Vielzahl von Ideen, also eine hohe Komplexität, die zielgerichtet weiterverarbeitet werden müssen. Also weitere Arbeitsschritte überlegen
Fragenspeicher	Um Fragen, offene Diskussionspunkte etc., die während der Sitzung entstehen, festzuhalten und dadurch ihre spätere Bearbeitung in der Gruppe zu sichern	Im Verlauf der moderierten Sitzung einen Platz für die Bearbeitung der verschiedenen Fragen etc. einplanen und rechtzeitig vor Ende der Sitzung die Punkte abarbeiten
Maßnahmenplan Aktionsplan Tätigkeitskatalog	Um die Umsetzung von Maßnahmen in die Praxis nach der Sitzung konkret zu planen Um persönliche Verantwortungen für Folgeaktivitäten sowie den zeitlichen Rahmen dafür festzulegen	Auf Realisierbarkeit achten (das Ende einer Sitzung erzeugt häufig eine unrealistische »Übernahmeeuphorie« einzelner Beteiligter) Nur Personen als Verantwortliche/ Durchführende benennen, die auch anwesend sind

Ausgänge:
Literatur und Verabschiedung

Kommentiertes Literaturverzeichnis
Verabschiedung von diesem Buch: Eine praktische Übung
Über das Zustandekommen des Buches

Kommentiertes Literaturverzeichnis

Klebert, Karin/Schrader, Einhard/Straub, Walter: KurzModeration. Essen 1987.

Eine anschauliche Übersicht über Verfahren, Hilfsmittel und vor allem das Selbstverständnis und die Haltung von Moderatoren, geschrieben von Autoren »der ersten Moderations-Stunde«. Das Buch ist besonders geeignet, Anfängern einen ersten Eindruck von Moderation und ihren vielfältigen Anwendungsmöglichkeiten zu geben. In knapper und klarer Darstellung gibt das Buch viele praktische Hinweise für kurze Moderationen oder Moderationsabschnitte, beispielsweise im Rahmen längerer Besprechungen.

Schrader, Einhard/Straub, Walter/Dierichs, Joachim/Helmes, Berthold: Workbook – Ein Methoden-Angebot als Anleitung zum aktiven Gestalten von Lern- und Arbeitsprozessen in Gruppen. Essen 1984.

Vor allem für Trainerinnen und Trainer geschrieben, bietet das Workbook auch Moderatoren vielfältige Hilfen für die Schritte: Maßnahmen planen, Informationen weitergeben, Informationen umsetzen und Gruppenprozesse gestalten. Knapp und übersichtlich werden in einheitlicher Form eine Fülle von Methoden auf jeweils zwei Seiten dargestellt.

Funk, Rüdiger/Pajonk, Brigitte/Luoma, Marketta: Moderation. In: Handbuch Personalentwicklung und Training. Köln 1992.

Ein knapper, aber vollständiger Überblick über die Haltung des Moderators und über die verschiedenen klassischen Moderationsverfahren.

Hartmann, Martin/Funk, Rüdiger/Nietmann, Horst: Präsentieren – Präsentationen zielgerichtet und adressatenorientiert. Weinheim und Basel ^{4}**1998.**
Wichtig für eine Moderation ist die Visualisierung von Ideen, Prozessabläufen, Zwischen- und Endergebnissen. Das Buch bietet eine praxisnahe Einführung in die Grundlagen des Visualisierens und des Umgangs mit allen Medien, die auch in einer Moderation Verwendung finden können.

Langner-Geißler, Traute/Lipp, Ulrich: Pinwand, Flipchart und Tafel. Seminareinheit 3 des Schubers »Mit den Augen lernen«, hrsg. von Hermann Will. Weinheim und Basel ^{2}**1994.**
Für alle, die sich ausschließlich mit den wichtigsten Medien der Moderation – Pinnwand und Flipchart – beschäftigen wollen. Ein aufgelockert gestaltetes und inhaltlich anregendes Buch.

Langmaack, Barbara/Braune-Krickau, Michael: Wie die Gruppe laufen lernt. Anregungen zum Planen und Leiten von Gruppen. Weinheim ^{6}**1998.**
Um den Gruppenarbeitsprozess begleiten zu können, braucht der Moderator Wissen über und Erfahrungen mit Gruppenprozessen. Das vorliegende Buch basiert auf den Ideen der themenzentrierten Interaktion und beschäftigt sich mit dem Gruppengeschehen in allen seinen Ablaufphasen, von der Vorbereitung bis zum Abschluss. Besonderer Wert wird dabei auf die »psychosozialen Prozesse«, die Beziehungsebene der Gruppenentwicklung gelegt.

Geißler, Karlheinz A.: Lernprozesse steuern. Übergänge: Zwischen Willkommen und Abschied. Weinheim und Basel ^{2}**1999.**
Der Moderator begleitet den Arbeitsprozess einer Gruppe, der Seminarleiter steuert ihn. Trotzdem haben beide mit ähnlichen Problemen zu tun. Da gibt es beispielsweise den Umgang mit schwierigen Situationen und mit Widerständen, die Du-Sie-Problematik, die Möglichkeit der Metakommunikation oder die Gruppe und ihre Dynamik. Geißlers Tipps für den Seminarleiter eignen sich auch für den Moderator, der mehr über den Umgang mit Lerngruppen wissen möchte.
Gleiches gilt auch für Geißlers Bücher über das Beginnen und Beenden von Veranstaltungen: »**Anfangssituationen. Was man tun und besser las-**

sen sollte« [7]1997 und »**Schlußsituationen. Die Suche nach dem guten Ende«** [2]1994 beide Weinheim und Basel.

Lipp, Ulrich/Will, Hermann: Das große Workshop-Buch. Weinheim und Basel [3]**1999.**
Für alle geschrieben, die Workshops moderieren und mehr darüber wissen wollen. Das Buch ist voller Ideen, Tipps und Anregungen für die Planung, Organisation, Vorbereitung, Durchführung und Nachbereitung von Workshops. Ein Werkzeugkasten voller Workshop-Techniken.

Freimuth, Joachim/Straub, Fritz (Hrsg.): Demokratisierung von Organisationen. Wiesbaden 1996.
Welche Überlegungen, Überzeugungen, Anregungen oder auch Zufälle standen eigentlich Paten, als das alles mit dem Moderieren begann? In diesem Buch berichten Zeitzeugen über die Entwicklungsbedingungen und Ursprünge, erste Anwendungen und Erfahrungen, Widerstände und Probleme der Moderationsmethode. Sie geben darüber hinaus einen Überblick über aktuelle Anwendungen in verschiedenen Themenfeldern sowie über Perspektiven und künftige Entwicklungen. Das anspruchsvolle Hintergrundbuch zum Thema.

Nitor CD-ROM: Moderationsmethode – verstehen, anwenden, vertiefen. Ein interaktives Lernprogramm für moderierte Gruppenarbeit. Rellingen 1997.
Wer sich mit Moderation am Computer weiter beschäftigen möchte, sollte sich diese CD-Rom ins Laufwerk schieben. Ihr Schwerpunkt liegt übrigens auf der Darstellung von Moderationsverfahren.

Verabschiedung von diesem Buch: Eine praktische Übung

Bevor Sie sich auf den letzten Seiten über das Zustandekommen dieses Buches informieren, möchten wir Ihnen – wie schon zu Beginn Ihrer Lektüre – eine Ein-Punkt-Abfrage anbieten.

Wir möchten Sie zur folgenden Überlegung anregen: »Wie geht es Ihnen nach dem Lesen dieses Buches mit dem Thema Moderation?« Dazu haben wir zwei Fragen formuliert: Die eine fragt nach Ihrer Lust, sich weiter mit dem Thema zu beschäftigen; die andere nach der Erfüllung der Erwartungen, die Sie hatten, als Sie mit der Bearbeitung dieses Buches begonnen haben.

Bitte machen Sie Ihr Kreuz.

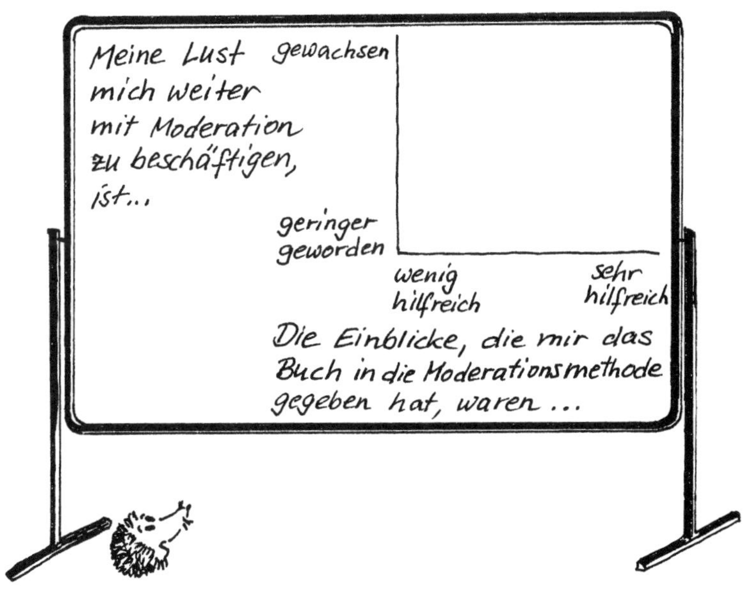

Tipps für Ihre persönliche Auswertung:

Befindet sich Ihr Kreuz in der Ecke rechts oben, könnten Sie über einen konkreten Maßnahmenkatalog nachdenken, über Praxisschritte, erste eigene Moderationen oder den Besuch eines Moderationsseminars zum Vervollständigen Ihrer methodischen Kompetenz.

»Rechts unten« könnte bedeuten, dass Sie jetzt zwar wichtige Anregungen für Ihre weitere Arbeit bekommen haben, das Thema aber im Augenblick für Sie keine Priorität besitzt.

»Links oben« oder sogar »links unten« deutet darauf hin, dass Sie in diesem Buch nicht das gefunden haben, was Sie für Ihr persönliches weiteres Vorgehen benötigen. Ihr Maßnahmenplan läge beispielsweise in der Vergewisserung Ihrer persönlichen Fragestellung, in der Lektüre weiterführender Literatur oder im Besuch einer Praxisveranstaltung.

Wie auch immer – sollten Ihre Erwartungen an dieses Buch nicht erfüllt worden sein, würden wir uns über eine entsprechende Rückmeldung freuen. Auch wir arbeiten weiter an diesem Thema und sind an Verbesserungsmöglichkeiten interessiert. Natürlich freuen wir uns auch über Ihre positive Rückmeldung.

Über das Zustandekommen des Buches

1989 entwickelten Hans-Joachim Stabenau von Siemens und Rüdiger Funk von *train* im Rahmen der standardisierten Weiterbildung an den Bildungszentren ein zweiteiliges Intervall-Training, in dem Mitarbeiterinnen und Mitarbeiter der Siemens AG zu Moderatoren ausgebildet wurden. Das *train*-Team – verstärkt durch Klaus D. Wittkuhn sowie die Autoren dieses Buches – begann, die Methode praxis- und zielgruppennah weiterzuentwickeln und sie maßgeschneidert auch in anderen Unternehmen und Organisationen einzuführen. Die Ausbildung von Moderatoren wurde durch von uns begleitete Moderationen von Arbeitsgruppen bzw. (Konflikt-)Workshops ergänzt. Dabei lernten wir nicht nur, die Verfahren und ihre geeigneten Verfahrensregeln der Praxis anzupassen. Wir bemühten uns, die Unterschiede zwischen »Leitung« und »Moderation« und den unterschiedlichen Wertehorizont der beiden Methoden (die Haltung des Leiters bzw. Moderators) zu vermitteln.

Das Ergebnis dieser langjährigen intensiven Auseinandersetzung mit der Moderationsmethode liegt in Form dieses Buches vor. Aus dem *train*-Team haben daran mitgearbeitet: Rüdiger Funk, Klaus D. Wittkuhn, Rainer Röpnack sowie Hans-Joachim Stabenau, der seit 1995 als freier Trainer unser Team unterstützt.

Darüber hinaus haben wir Praktiker aus allen Bereichen der Wirtschaft und des öffentlichen Lebens um ihre Anregungen und kritischen Hinweise gebeten. Besonders danken möchten wir: Heinrich Brauß, Martina Rieg, Manfred Gräf, Monika Henningsen, Hermann Hartmann, Stephan K. Grunwald, Stefan Gregorzik, Jenny Schmidt, Stefan Rieg, Brigitte Pajonk sowie unserer Lektorin Ingeborg Sachsenmeier.

Für Rückfragen und Rückmeldungen sind die Autoren unter den folgenden Adressen erreichbar:

train, Gesellschaft für Organisationsentwicklung und Weiterbildung mbH

Büro Köln:
Kadettenstraße 11
51429 Bergisch Gladbach
Tel.: 02204/57014
Fax.: 02204/57078
E-Mail: train.Koeln@train.de

Büro München:
Wagenberger Straße 1
85662 Hohenbrunn
Tel.: 08102/4026
Fax.: 08102/71455
E-Mail: train.Muenchen@train.de

Bildnachweis:
Die Fotos stammen von Martin Hartmann; sämtliche Zeichnungen von Ulrike Rath.